U0129448

歷史與眞相

陳 福 成 編著

文　學　叢　刊
文史哲出版社印行

國家圖書館出版品預行編目資料

歷史與真相 / 陳福成編著. -- 初版 -- 臺北市：
文史哲出版社,110.09
頁； 公分. --（文學叢刊；444）
ISBN 978-986-314-569-1（平裝）

1.世界史 2.通俗作品

711 11015637

文 學 叢 刊 444

歷史與眞相

編著者：陳 福 成
出版者：文 史 哲 出 版 社
http:// www.lapen.com.tw
e-mail：lapen@ms74.hinet.net
登記證字號：行政院新聞局版臺業字五三三七號
發行人：彭 正 雄
發行所：文 史 哲 出 版 社
印刷者：文 史 哲 出 版 社
臺北市羅斯福路一段七十二巷四號
郵政劃撥帳號：一六一八〇一七五
電話886-2-23511028 · 傳真886-2-23965656

定價新臺幣三二〇元

二〇二一年（民一一〇）九月初版

ISBN 978-986-314-569-1 10444

序：歷史與眞相

美國那些開國「英雄」，華盛頓（Washington）、傑佛遜（Thomas Jefferson）等人，挖出這些「英雄們」的黑暗骯髒歷史，竟都不忍聽聞。他們的英雄事蹟來自大量買賣黑人，獲得巨大財富；再者，領導對印第安人的大屠殺，奪取廣大土地，因而有功，成為民族英雄。後來美國人為了「國家面子」，把他們美化成「聖君」，成為國父、總統、英雄！

深挖這些「英雄」最黑的黑暗面，可謂沒有那個不犯下「性侵」黑人美女的罪行。美帝這些總統英雄，都是種族歧視者、屠夫、性侵者、強奸犯，然而現在的美國歷史是怎樣寫的，現代的美國人知道嗎？現在活著的人有幾人知道？台灣人就不用問了！這就是我們所謂的「歷史」嗎？

這種事不光在美國發生，凡是被歐洲白人先佔領殖民再建國的國家，如加拿大和澳洲（澳大利亞）兩國，也是一部「大屠殺史」。更多的「黑歷史」，不光是早期，也發生在現代，澳洲把數十萬原住民兒童，強制帶離原生家庭，交由白人家庭教管，目的是要他們學習基督教文化，因而很多兒童丟了性命。

加拿大最近被爆料，一個原住民「兒童塚」約百餘人被發現，聯合國要求調查清楚。其實這只是冰山一角，這些白人國家現在都高舉「人權、民主」指責中國。怎不看看自己的黑歷史！中國有內戰互相殘殺，但不會屠殺異族。「中國式的人權民主」，才合乎中國人用。

白人歷史不能看，盡在扯蛋，為自己美化。亞洲黃種人中的「大和民族」，建立了倭國，訂了「脫亞入歐」政策也變質了。學了很多白人壞習慣，什麼「南京大屠殺」、「臺灣原住民大屠殺」，從未發生過。當然，他們的歷史不記，現在年輕輩倭人不知道，也就沒發生。但臺灣史會寫，中國史會記。

「九一一事件」對美帝是何等大事！他們歷史怎麼寫？不外「賓拉登是恐怖份子」，九一一是「恐怖事件」。阿拉伯伊斯蘭子民的歷史，已定論賓拉登是「聖戰士」，是阿拉的「自由戰士」，九一一是一場「聖戰」。為什麼會發生「九一一」，只能說美帝太「扯蛋」了，吃遍地球！可詳看筆者另一本書《第四波戰爭開山鼻祖賓拉登》，九一一就是「第四波戰爭典範」，這才是真正偉大的歷史，各方都不能否認的歷史開創者。

何謂歷史真相？何謂八卦扯蛋？很難有統一的定義，更無定論。拿我們自己的歷史，同樣人事都有正反解讀。孔明真如神嗎？殷紂是暴君嗎？劉阿斗真的「扶不起」嗎？「玄武門之變」真假！蔣介石槍決了陳儀，說他背叛。後來中共平反他，把他定位為「愛國者」……類似的事真是無限多。大家都在讀歷史，何謂真相？何謂扯蛋？你知道嗎？

臺北公館蟾蜍山萬盛草堂主人　**陳福成**　誌於

佛曆二五六四年　西元二〇二一年夏

歷史與真相　4

歷史眞相

目次

緒　說，這天我們在扯蛋

何謂「功」？何謂「過」？何謂「罪」？是人世間最難定義的三個字。三國群雄都在為自己的主子拼殺，是功？是過？或是罪？

近十餘年，任何公私領域中，凡有人批評蔣中正、蔣經國哪裡不好等，必有人反擊（反目）說：「蔣公哪裡不好？沒有蔣公哪有今日的臺灣繁榮……」雙方拉開戰局，反目成仇，家人親戚朋友都做不下去了。

反之，有人批評李登輝、蔡英文、陳水扁禍國殃民貪污等，也必有深綠者反擊說：「他們哪裡不好？陳水扁沒有貪污，吳淑珍沒有污錢，都是國民黨無中生有」雙方開打，兄弟朋友亦成仇人。

凡此，都是被意識形態綁架了，沒有獨立判斷的能力，全民如是，便導致全島動亂，自己把自己整垮了。

我們退休人員千萬要超越這一關，以「笑話」態度笑談古今事，臧否古今人物。

就像這張剪貼，大笑一分鐘等於運動45分鐘，一般人不習慣大笑，至少要常笑，尤其面對很嚴肅敏感的話題，更要輕鬆面對，人生和歷史盡付笑談中。人沒有完美的，不論何人，一生所為，不太可能百分百全是罪惡，也不可能百分百功德圓滿。這次座談會我思考如何才能吸引大家，才設計出這個題目。

臺灣大學退休人員聯誼會（以下簡稱本會或退聯會），按年度定期工作管制，在我連任理事長（第二任）後的今年（二〇一五年）第一個理監事會，訂在三月十七日（星期二），上午九到十二點。前半段理監事會，後半段「評古說今」座談（開放會員參加），座談會訂一主談人（講半小時），主談完開放討論，主題由主談人自訂。

這次主談因是業務改革後第一回，秘書長劉鵬佛教授請我擔任主談人（兼主持人）。

大笑1分鐘
等於運動45分鐘

語云：「微笑是最美麗的動機」，開懷大笑一向被視為可以強身健體的良方妙藥，甚至有科學家發現大笑是保持身材苗條的最佳方法之一。

德國柏林大學笑容學的教授西克爾表示，大笑時身體有80組肌肉抽動，即肩膀會聳動、胸膛會搖擺、橫隔膜震盪，甚至令人抽搐、血壓上升、血液含氧量增加，此外，腦部會釋放出一種令人心曠神怡的化學物質，使人的血壓回降、減少分泌令人緊張的荷爾蒙，增強免疫系統等。據美國微笑協會的統計，美國兒童平均每日會展露笑容約400次，而成人僅15次。由於笑被認為對身體有益，兼有醫療效果，大笑熱潮在西方國家迅速發展，甚至超過健康舞蹈，聰明的朋友，千萬要記得這個可以健身，又可以提升生活情趣的「笑功」。

我考量退聯會成員屬性，傾向聯誼趣味，乃訂出「趣味閒聊幾個『非常嚴肅』的議題」，針對大家最夯最熱門人物，由現場參加人表決。論其人生之功過。表決分兩次，第一次在我未談論前，先按自己喜好認知表決一次。接下來我簡單針對人物述說其一生幹過最大罪過和事功，再表決一次，看兩次的差異。但論人功過是很嚴肅的議題，故將嚴肅的文獻內容列為本文附件說明。人物功過列舉數位說明：

毛澤東的功過

事功：移民實邊，漢人移民西藏、新疆、抗美。

罪過：造反叛國、馬列路線、文革去中國化。

蔣中正的功過

事功：東征、北伐、統一、抗日、保臺。

罪過：丟掉外蒙、二戰後有機會不收回琉球列島、不駐軍日本、白團事件、過於親美日、以德報怨。保臺（也造成國家民族分裂）。

川島芳子的功過

事功：若是日本人有功，若是中國人有罪。但傳言她最後願「死為中國人」，仍是可敬（若傳言屬實）。

罪過：不談國家，就個別人生言，還是很難定論。

陳水扁的功過（第七章後述）

徐志摩的功過

事功：文學、詩歌。文壇上已有定論。

罪過：一輩子游移在三個女人之間：張幼儀、陸小曼和林徽音，以有婦之夫公開追求有夫之婦。梁啟超評其「不道德之極」。

汪精衛的功過

事功：建國有功。

罪過：與入侵的敵人謀合，製造國家分裂，抵消抗日力量，確實是漢奸，民族之罪人。但傳說他心中有夢，謂「日本要中國，便讓他來統治，百年後大和民族便滅亡了，是最徹底的消滅日本人的辦法。」若真能如是滅倭，他亦有功。

李登輝的功過

事功：？

罪過：漢奸、叛黨、叛國、黑金、背叛中華民族，全民族之罪人。

辛德勒的功過

事功：救了很多猶太人。

罪過：專搞女人，一個換一個、好色又好賭。

李香蘭的功過

事功：歌唱藝術、功在倭〈祖〉國。

罪過：與川島同時以漢奸起訴，她提出日本人的戶籍證明，得以生還倭國，其後半生在反省中度過，就個別人生談不上是罪過。

馬英九的功過

事功：三通。

罪過：大家深刻「有感」者在此不論，只針對「無感」、隱而微者略說：為諂媚獨派，刻意親日，紀念八田與一、後藤新平等日人，淡化或取消抗日有關節慶（甲午、七七、九一八、九三、光復節等）。此等之舉，形同臺獨外圍，加速兩岸對立，「去中國化」之幫兇，倭人竄改教科書之旁助。傷害民族感情，罪過！罪過！他怎麼在百年後向老父交待？他是亡黨亡國之君。

這些功過論述，絕大多數不難理解，很少「灰色地帶」，只有馬英九的罪過很弔詭，二〇一四年的九合一大選，國民黨慘敗，各界都把罪過歸小馬一人。我總結「馬英九問題」，可以說被「廉」字搞垮，清廉本是正義正面價值，但為何馬英九的清廉會成為一種毀滅？這說來話長，當然客觀環境也有關係，馬太過於受到獨派制約，自己無能脫困，黨內的分裂（王金平勢力）亦致命一擊。嗚呼！可憐的馬英九！活該！

或許二千七百多年前，一個案例可以詮釋「馬英九問題」。管仲臨終前，王來問「鮑叔牙可接你的職位乎？」管仲答：「不行，他太清廉，不適合當宰相，也不宜從政。」後來鮑叔牙知道說：「管仲是我的知心人。」

以上僅針對毛澤東、蔣中正、徐志摩、川島芳子、汪精衛、李登輝、馬英九、辛德勒、李香蘭等九人略記功過。所謂的「功過」，應以「全人類共認的普遍性價值」為準，而不僅僅對某一方、國有利而言。例如「李登輝現象」（背叛再背叛），雖對某一政治圈合味口而得到支持，但其行為乃違反人性的普遍價值，為人類中最醜惡之罪行，神都不會原諒的。

本座談會以這個主題為主談和共論內容，考量「臺灣大學退休人員聯誼會」屬性，吾人乃臺大退休人員，休閒、趣味、聯誼是我們經營之內涵，而不是「學術性」座談。但論人功過是何其重大？何其嚴謹之事！為顧及兩者（趣味、嚴謹），設計一趣味性的「功過表決表」（如後），嚴謹的說明列為附件。

「功過表決表」由座談當日眾人表決，主談人評說前表決一次，主談人評說後再表決一次，結果亦見後表。

第一、二章詳見《雲五社會科學大辭典》，第四冊，《國際關係》，臺灣商務出版，民國七十四年四月增訂三版，張彝鼎、丘宏達之說明。

由於我們中國在滿清末葉的衰弱，許多領土被別國佔領，琉球只是一小部分。未來要收回很難，強盛才有可能回收！

對歷史人物不論正邪之評論，尤其「蓋棺論定」，除大思想家、大史學家等能有「最公正」的定論。吾等退休草民，不過拿來當茶餘飯後的八卦笑料，閒聊趣談，如此而已。若有人因本文「傷到他的粉絲、偶像」，均一笑置之，當成笑話，大笑一分鐘等於運動四十五分鐘。以下各說明請詳閱。（臺灣大學退休人員聯誼會第十任理事長、臺北公館蟾蜍山萬盛草堂主人　陳福成　草誌。二〇一五年春節後）

趣味閒聊幾個「非常嚴肅」的議題

	人物	主談人評說前		主談人評說後	
		功多	過多	功多	過多
1	毛澤東	11	10	4	12
2	蔣中正	22	2	20	2
3	川島芳子	4	6	9	4
4	徐志摩	19	0	10	2
5	李登輝	3	17	2	16
6	汪精衛	9	6	7	8
7	馬英九	14	6	16	4
8	辛德勒 Oskar chindler	3	2	9	0
9	柯林頓	9	0	10	0
10	陳水扁	4	15	2	15
11	李香蘭	8	1	7	2

說明：①參加座談會總人數 29 人

②功過均按表決為準

第一章 倭國竊佔琉球和釣魚臺始末

一八七九年日本占據琉球，其後一度與清朝政府商議願將宮古八重二羣島讓與中國，但雙方未獲協議，清廷也不了了之，琉球從此被日本占去。日本占據琉球後，又進一步想占據中國大陸與日本間的一些小島以及臺灣，釣魚臺列嶼就是在這種情況下被日本占去的，現將日本占據的經過，根據日本官方記載，敍述於下，與日本占據有關的重要日方文書，也全文譯出。由於當中經過頗為瑣屑，所以先將日本官方自述占據的經過譯出，以便有一個整體的概念，然後再將重要文書按年代先後刊出，並加必要的說明。

據日本外務省編纂的「日本外交文書」第十八卷（自明治十八年一月至十二月，即一八八五年一月至十二月）中所載之「久米赤島、久場島及釣魚島編入版圖概略」中之記載，日本竊據的經過大致如下：

散佈在沖繩縣及中國福州間的久米赤島（自久米島未申之方向約七十里，距中國福州約二百里），久場島（自久米島午未方向約一百里，距八重山羣島之石垣島約為六十多里），釣魚臺（方位與久場島相同，然較遠十里），上述三島不見屬清之證跡，且接近沖繩縣所轄之宮古、八重山島，加以有關建立國標之事已由沖繩縣令（知事）上書總理大臣，早在明治十八年（一八八五）十月九日時已由內務卿山縣有朋徵詢外務卿井上馨，外務卿仔細考慮的結果，認為上述三島嶼乃是接近中國國境的蕞爾小島，且當時中國報紙盛載日本政府占據鄰近臺灣的中國屬島，催促中國政府注意。基於上開理由，建立國標，開拓這些島嶼之事，須俟後日，伺機行事。十二月五日，內務外務兩卿乃諭令沖繩縣知事，勿急於國標之建立。明治廿三年（一八九〇）一月十三日沖繩縣知事復呈報謂；上開島嶼向為無人島，亦無他國設定管轄，近因水產管理之必要，乃由八重山島役所呈請內務卿指定管轄。明治廿六年（一八九三）十一月二日沖繩縣知事又以管理收產建設航標為由，呈報內務、外務兩卿，請將上開島嶼劃歸沖繩縣管轄，並設立國標。因而內務卿乃於明治廿七年（一八九四）十二月廿七日提出內閣議決，並事先與外務卿取得協議。明治廿八年（一八九五）一月廿一日經閣議通過，並由內務、外務兩卿諭知沖繩縣令，謂有關設立國標事宜已獲核准。

值得注意的是日本明治廿六年（一八九三）十一月二日沖繩縣知事再度申請設立國

境標記（即正式劃歸日本）時，日本官方仍不答覆。直到明治廿七年（一八九四）十二月二十七日，日內務大臣始行文外務大臣，要求將此事提交內閣會議議決，這個文件頗為重要，因此將其譯出於下：

（朱　書）

秘別第一三三號收文日期：（明治）廿七年十二月廿八日在久場島、釣魚島建設管轄標樁之事，如另書甲號，由沖繩縣知事提出申訴。關於本件之另書乙號已於明治十八年（一八八五）時由鈞座及貴部（外務部）協議，並發下指令（指暫緩進行此事令），可是由於今昔情況已殊，因此（本人）懇望與鈞座取得協議而以另書提出內閣會議。

內務大臣子爵野村靖上

此　致

外務大臣子爵陸奧宗光

這個文件中最值得分析研究的是「今昔情況已殊」一話，究竟是指什麼事情。這話如和當時中日關係來看，就不難了解。在日本昭和廿七年（一八九四）清廷因朝鮮問題對日宣戰，但到十月陸海軍均失敗，在九月底慈禧太后已傾向和議，十一月初請各國調停，十一月中又派天津海關稅務司德璀琳赴日本試探和平，被日本拒絕。此時中日戰事大勢已定，日本穩操勝算，因此其內務部與外務部才認為「今昔情況已殊」，可以逕行竊釣魚臺列嶼，劃入版圖，不必顧慮清廷態度。顯然基於這種了解，在明治十八年（一八九五）一月十一日外務大臣函覆內務大臣，同意其竊佔釣魚臺列嶼各島的提議，同月二十一日日本內閣通過此項提議。

日本內閣通過決議決定竊佔釣魚臺列嶼後，同年四月十七日中日雙方簽訂馬關和約，在和約第二條日本竊佔臺灣的條款中，又明文規定：「一、中國將管理下開地方之權……永遠與日本……二、臺灣全島及所有附屬各島嶼」。在這種情況下，中國如對日本竊佔釣魚臺列嶼的行為提出異議，在法律上已不具任何意義，因為在地質構造上，該列嶼與臺灣島及其附屬島嶼相同，日方顯然可以認定該列嶼是臺灣附屬島嶼，包括在和約割讓範圍內。事實上，清廷可能也是基於這種了解，所以未對日本竊據釣魚臺列嶼的行為，提出異議。

由上述的說明，我們有相當理由可以主張，釣魚臺列嶼雖是在日本簽訂馬關和約前開始竊佔去的，但此種行為在某種程度中，可認為係因馬關條約中的割讓條款而確定其法律根據。換句話說，日本學者認為其取得該列嶼主權係根據對無主土地的先占，但我們卻有相當理由可以認為其取得主權至少部分是根據馬關條約的割讓，這點有較詳細說明的必要。

日本學者認為日本對釣魚臺列嶼的領土取得是根據先占一點，有二個問題值得研討：第一、先占的對象必須是無主土地，釣魚臺列嶼在一八九五年以前是無主土地嗎？日本官方與學界的資料中，對這點並未舉出積極證據，而根據作者前述之「三國通覽輿地圖說」，日本學者卻有認定此列嶼是屬中國。此外，如果該列嶼確是無主土地，那麼日本在一八八五年就可以去實行「先占」，還需要顧慮中國的態度嗎？總之，日本要趁甲午戰役勝算已定時才來實行先佔一事，就可說明日本當時對該列嶼是否係無主土地一點，也無把握，足見其可以實行所謂先佔的對象就值得懷疑。

第二，日本現在所舉出它實行先佔的行為，是內閣的決議，顯然是內部行為，而目前我們所看到的日方資料，僅僅指出有這個決議，全文從未見到過，這種內部不公開的行為有對外效力嗎？並且在內閣決議後次年（明治廿九年即西元一八九六年）日皇所頒佈的沖繩縣管轄範圍中，完全沒有提到所謂尖閣羣島（即日方對釣魚臺列嶼的名稱）隸屬沖繩之事，現將該敕令全文翻譯於下：

朕茲裁可沖繩縣之郡編制並佈之

御名御璽

明治廿九年三月五日

內閣總理大臣侯爵伊藤博文

內務大臣　芳正顯正

敕令第十三號（官報三月七日）

第一條　除那霸首里兩區之區域外，沖繩縣劃為左列五郡

島尻郡　島尻各村久米島慶良間諸島渡名喜島粟國島伊平屋諸島鳥島及大東島

中頭郡　中頭各村

國頭郡　國頭各島及伊江島

宮古郡　宮古諸島

八重山郡　八重山諸島

第二條　各郡之境界或名稱如遇有變更之必要時由內務大臣決定之附則

第三條　本令之施行時期由內務大臣定之

由上述資料及說明可知，日本即使曾對釣魚臺列嶼實行所謂先占，其所作所為也不完全符合國際法上的條件，例如，著名的國際法學家勞特派特改編的奧本海「國際法」上就寫到：「有效的先占必須具有二點重要事實，即占有與管理。⑴占有——先占國必須真正的占有這塊土地。為達此目的它需要將此領土置於其支配之下，並具有得到此土地主權的意圖。這只能以在當地殖民並伴隨著一些正式行為，並宣告此領土已在其占有之下且意圖將領土置於其主權之下。這種行為通常包含一個公告或在當地升旗……⑵管理——在依上述方式占有土地後，占有者應在合理期間內建立某種管理（制度）以顯示此領土係由新占有者治理」。日本除了所謂內閣決議（全文其「日本外交文書」中也未刊登）外，並無其他公告、殖民或其他行為，這種先占恐難完全符合國際法上的要件。所以日本竊據釣魚臺的法律根據，似乎應該至少是部分依據馬關和約中的臺灣屬島連同割讓之規定。

日本占據臺灣及釣魚臺列嶼等地後，何時將釣臺臺列嶼改名為尖閣羣島並將其劃歸琉球，並不清楚，查閱「日本外交文書」，日本「法令全書」及有關沖繩的記載或有關文書，都未提到劃歸琉球日期。經查閱日本地理與地質方面的典籍，似乎到明治三十一年（西元一八九八年）才出現「尖閣羣島」一詞來表示釣魚臺列嶼。至於在日本竊據臺灣及釣魚臺列嶼時代，釣魚臺列嶼是在那個行政區域一點，據大正四年出版的「大日本地誌」中的記載，是劃歸沖繩縣。另外查閱日本有關地圖（雖有不少日本地圖，根本未將該列嶼印出）的結果，似可確實認定是歸沖繩縣管轄，例如昭和四年（西元一九二九年）出版的「最近調查大日本地名辭典並交通地鑑」一書中所附沖繩地圖之「管內一覽」部分，明白標出包括尖閣列島久場島，及魚釣島三名稱。另外日本竊據臺灣時的行政區劃中，似乎並未包括釣魚臺列嶼，例如，昭和十九年（西元一九四四年）出版的「臺灣年鑑」中，明白標出臺灣本島極東是臺北州基隆市棉花嶼東端東經一二二點零六度，極北是臺北州基隆市彭佳嶼北緯二十五點三七度。

不過我們必須注意，在行政上釣魚臺列嶼固然是劃在琉球，但據日本人自己的記載，這個地區卻是臺灣漁民經常活動的地區。例如，日本大正四年（公元一九一五年）日本臺灣總督府殖產局編纂的「臺灣の水產」刊物中，自己供認「尖閣列島漁場……為以臺灣為根據地的鰹漁船：最重要遠洋漁場之一」。並且該刊附有漁場圖，明白將魚釣島劃入臺灣之「真鰹漁場」範圍。

由於在日本占據臺灣及釣魚臺列嶼期間，將釣魚臺列嶼劃入沖繩範圍，因此「一九四五年美軍占領琉球時即根據日本的行政區劃，也將釣魚臺列嶼劃入占領範圍。最近美國已與日本簽約要將琉球「歸還」日本，其條約中所附地圖將釣魚臺列嶼也包括在內，這點引起中華民國政府與人民的極大憤怒。美方所作此荒謬舉動，其主要根據是當一九四五年美國自日本取得琉球之「行政權」時，是包括釣魚臺列嶼在內，因此「歸還」時也應包括在內，中國如有任何權利主張，可以在「歸還」後，逕行與日本交涉，與美國無關。

日本方面的論點也相類似，日方認為琉球管轄範圍在日治時代包括釣魚臺列嶼，並且美國承認日本對琉球有剩餘主權，一九四五年美方自日本取去的只是「行政權」，因此「行政權」一旦歸還，日本即恢復其主權，包括釣魚臺列嶼在內。

日美這種觀點，經詳細分析之下，卻有幾個重大的漏洞，即它們將琉球問題及釣魚臺列嶼問題孤立起來，認為是美日二國間之事，與中國無關，並且忽視了有關的國際協定，這個問題牽涉甚多，因篇幅所限，只能簡單敘述。

第一，日本將釣魚臺列嶼劃歸琉球（沖繩）管轄一事，據本文前述之資料判斷，是在中日馬關和約（西元一八九五年）後係其國內行為，自不得拘束中國在收回失地時的權利，否則一個侵略國在竊佔它國領土後，只要變更當地管區，對方就不能收回失地，天下難道有這麼不通的道理嗎？

第二，我們有相當理由主張釣魚臺列嶼是日本在侵占臺灣時一併占去的，因此依據一九五二年四月二十八日簽訂的中日和約第四條，日本承認一九四一年十二月九日以前的中日條約失效，馬關條約當然也包括在內。在這情形下至少日本竊據釣魚臺列嶼的部分根據已不存在，這點與琉球其他各島日本不根據馬關條約就竊佔去的情況不同，所以美國「歸還」琉球給日本時，對於釣魚臺列嶼自不應與琉球其他各島一併待遇。

第三，自日本佔據臺灣後，臺灣漁民就長期使用該嶼及附近漁場，戰後也是如此，這點日本方面也不得不承認，假如，一九七〇年九月十八日日本「讀賣新聞」自己報導臺灣漁民在尖閣羣島（即釣魚臺列嶼）一帶「侵犯領海」與「不法上陸」是「日常茶飯事」。

第四，根據一九四五年七月廿六日中美英三國發佈的波茨坦宣言，其中規定日本領土限於「本州、北海道、九州、四國，及吾人所決定其他小島之內」。所以美國要「歸還」琉球給日本、自應與參與制定波茨坦宣言的中華民國政府商議，以規定那些島嶼應「歸還」，那些應由中華民國收回或作其他處置。

自日本方面有關釣魚臺列嶼的資料分析，我們可以得出下列幾個結論：

（一）釣魚臺列嶼在一八九五年以前從未成為琉球羣島的一部分。

（二）日本在一八九五年竊佔臺灣的馬關條約，有密切關係，雖然作者所搜集到的這方面資料還不夠充分。

（三）日本所謂依據國際法上「先占」原則取得釣魚臺列嶼主權一點，不論在事實上與法律上都有相當大的漏洞。

（四）至少有些日本資料顯示釣魚臺列嶼在一八九五年以前是屬於中國管轄。

歷史與真相　28

第二章　美國逕將琉球、釣魚臺交倭國及中華民國聲明

琉球歸日（Okinawa Restored to Japan by U. S. A;Ryukyu）

美日雙方經長期談判，於一九七一年六月十七日簽訂一項條約將琉球群島給與日本。條約主要內容如下：

第一條：自本條約生效之日起，美國將根據舊金山和約第三條之規定所得有關琉球群島之一切權益讓與日本，同時日本對琉球群島將可主張屬地及屬人之全部行政、立法與司法之權利及義務。

第二條：美國與日本所簽訂之一切條約、協定，包括一九六〇年簽訂之相互合作與安全條約自本條約生效日起適用於琉球群島。

第三條：根據一九六〇年相互合作與安全條約及其有關協議之規定，自本條約生效之日起，日本同意美國使用在琉球之設施與基地。……

該條約於一九七一年十一月十日在美國參議院經八十四對六票投票通過，在日本下院於十一月廿四日經二八五對七三票通過。在上院於十二月廿二日經一三一票對一〇八票通過，完成雙方之立法手續於一九七二年五月十四日午夜起生效。

唯關於琉球羣島之法律地位及範圍中華民國持有異議，並於一九七二年五月九日發表聲明如下：

中華民國政府對於琉球羣島之地位問題，向極關切，並曾迭次宣告其對於此項問題之立場。

茲美國政府已定於本（六十一）年五月十五日將琉球群島交付日本，且說將中華民國享有領土主權之釣魚臺列嶼亦已包括在內，中華民國政府特兩度將其立場鄭重昭告世界。

對於琉球群島，中華民國政府一貫主張，應由包括中華民國在內之第二次世界大戰期間主要盟國，根據開羅會議宣言及波茨坦會議宣言揭櫫之原則，共同協議處理，美國未經應循之協商程序，片面將琉球交付日本，中華民國至表遺憾！

至於釣魚臺列嶼，係屬中華民國領土之一部分，此項領土主權主張，無論自地理位置，地質構造，歷史淵源，長期繼續使用以及法理各方面理由而言，均不容置疑，現美國將該列嶼之行政權與琉球一併「交還」日本，中華民國堅決反對，中華民國政府本其維護領土完整之神聖職責，在任何情況下，絕不放棄對釣魚臺列嶼之領土主權。

中華民國政府對於琉球聲明（Ryukus）

中華民國外交部關於琉球群島與釣魚臺列嶼問題的聲明：

中華民國政府近年來對於琉球群島之地位問題，一向深為關切，並一再將其對於此項問題之意見及其對於有關亞太區域安全問題之顧慮，促請關係國家政府注意。

茲獲悉美國政府與日本政府即將簽署移交琉球群島之正式文書，甚至將中華民國享有領土主權之釣魚臺列嶼亦包括在內，中華民國政府必須再度將其立場鄭重昭告於全世界。

（一）關於琉球群島：中、美、英等主要盟國曾於一九四三年聯合發表開羅宣言，並於一九四五年發表波茨坦宣言規定開羅宣言之條款應予實施，而日本之主權應僅限於本州、北海道、九州、四國以及主要盟國所決定之其他小島。故琉球群島之未來地位，顯然應由主要盟國予以決定。

一九五一年九月八日所簽訂之金山對日和約，即係以上述兩宣言之內容要旨為根據，依照該和約第三條之內容對琉球之法律地位及其將來之處理已作明確之規定。中華民國對於琉球最後處置之一貫立場為：應由有關盟國依照開羅宣言及波茨坦宣言予以協商決定。此項立場素為美國政府所熟知，中華民國為對日作戰主要盟國之一，自應參加該項協商。而美國未經此項協商，遽爾將琉球交還日本，中華民國至為不滿。

（二）關於釣魚臺列嶼：中華民國政府對於美國擬將釣魚臺列嶼隨同琉球群島一併移交之聲明，尤感驚愕。

該列嶼係附屬臺灣省，構成中華民國領土之一部分，基於地理地位、地質構造、歷史聯繫以及臺灣省居住長期繼續使之理由，已與中華民國密切相連，中華民國政府根據其保衛國土之神聖義務在任何情形之下絕不能放棄尺寸領土之主權。因之，中華民國政府曾不斷通知美國政府及日本政府，認為該列嶼基於歷史、地理、使用及法理之理由，其為中華民國之領土，不容置疑，故應於美國結束管理時交還中華民國。現美國逕將該列嶼之行政權與琉球群島一併交予日本，中華民國政府認為絕對不能接受，且認為此項美日間之移轉絕不能影響中華民國對該列嶼之主權主張，故堅決加以反對，中華民國政府仍切盼關係國家尊重我對該列嶼之主權，應即採取合理合法之措置，以免導致亞太地區嚴重之後果。

第三章　川島芳子和李登輝的復仇

先說一個可以給老李——就是老番癲李登輝啦！給他當一面血淋淋的鏡子，是抗戰時期的大美女、大漢奸兼大女間諜川島芳子的故事。這女子「人之將死、其言也善」，也算為自己的春秋定位拔回一點，精神還是可佳。

川島芳子的故事拍成電影的，寫成小說的，相信很多人都知道。只是電影、小說大多虛構，並未呈現真實的川島芳子。

一九四五年八月十四日，中國抗戰終於取得最後勝利，倭國無條件投降。兩個月後，日本女間諜川島芳子（當時各方認定她是日本人）被捕，消息震動全國。每回法庭審判她時，庭外人山人海，都想爭睹這位女間諜的「廬山真面目」，然而真實的她到底是誰？

川島芳子原名「愛新覺羅・顯玗」，父親是大清肅親王善耆，在她六歲那年送給倭國川島浪速作養女，改名「川島芳子」。這事說來也叫人想不通，好好一個中國皇族的金枝玉葉，怎會送給倭寇當養女，只能說那時滿族人已腐敗墮落，廣大的國土都能割送給人，何在乎一個皇族的血肉之親，大概連靈魂都可以不要。也或許如此，這小女孩長大要當漢奸，報復她的祖國！

川島長大了，一九三一年回到中國，在上海結識倭奴國特務頭子田中隆吉，開始了她的間諜生涯，並且改名「金璧輝」。以她的聰明手段（絕對不輸老番癲老不死的李登輝），加上外形風姿卓絕，姿色珠麗，很快成為政治和社會兩種舞臺的明星級人物，這些都只是表相。

一九三三年金璧輝在中國東北，收羅了張宗昌的舊部，變成這支漢奸部隊的司令，專幹賣國的勾當，或說好聽些是日軍的情報部隊。這女子有何能耐？能從一個高級交際花瞬間變成司令。（註：軍隊編制中的司令可大可小，筆者也當過司令，但民初司令是很大的官位。）

金璧輝幹起司令後，往來穿梭於東京、上海、北京、東北之間，專幫倭國軍隊打探消息，以利倭國進行「三月亡華」政策。就心理分析解，這純粹是一種報復，因為她的父母、滿清皇族及全中國，一定是她痛恨的對象，全都對不起她，她甚至也痛恨「愛新覺羅．顯玗」。她時而西裝革履，成了英俊的帥哥；又忽而身著華麗旗袍，以各種不同身份進出各場場所，為藉機探聽蒐集國軍情報，提供日軍之用。

但終於戰後她被捕了，開庭審訊，法官問金璧輝：「你到底是日本人還是中國人？如果是日本人，蔣中正委員長昭示以德報怨，本庭對你會從輕量刑；如果是中國人，你可是犯了通敵叛國的死罪！」這是真的她若是日本人，回到日本還是大英雄、大功臣；若是中國人，幹了漢奸當然死路一條！

萬萬沒想到，金璧輝連聲回答法官說：「我是中國人，道道地地的中國人。」法官連問三次，而且叫她想清楚再回答，可見法官慈悲，有意指引她生路，但她三次都同樣回答。法官只好判了她死刑。但就在執行死刑的前一天，她離奇的，香消玉殞在獄中，寫小說的人更有文章可做了。

其實依法依理，她可以說是日本人，就算她在法官面前大聲說「我是日本人」，也沒有錯，錯不在她，送給日本人時她只有六歲。當她成為日本人、效忠天皇，為國效勞是很神聖的任務，回到日本她是英雄、功臣。

但她終究選擇死，或許這時生死對她已不重要了，她要在最後的「蓋棺論定」上，確認自己是中國人，是道道地地的中國人，要死在她夢中的祖國母親的懷裡，至少讓靈魂安息安慰吧！

我為何提起川島芳子的故事？應該說是「愛新覺羅・顯玗」的故事，因為她和李登輝雖生在不同時代，但其可憐處和背景相同，顯玗是中國人送給了日本人，當漢奸；而李登輝則是日本人送給中國人，也當漢奸。顯玗在最後的蓋棺論定之前，找到了自己，這種勇氣可以給李登輝當一面鏡子，李登輝可以不必到最後才找到自己！

李登輝的生父是筱原笠次郎，日本派駐臺北的刑警。母是江錦氏，在筱原家當幫傭生下的私生子，詳參從網路列印下李登輝的身世，收為本文附件。以供了解。

二〇一一年七月臺客創作完「聞老李被起訴」，很快在網路上流通，引起很多迴響。本文選擇一個馬來西亞的詩人杰倫，寫的一篇「聞老李被起訴」感言（葡萄園詩刊第一九一期，二〇一一年秋季號），供各方雅賞。

讀〈聞老李被起訴〉感言

杰倫

我是個愛詩也寫詩的老人了。

我在馬來西亞出生，長大後投入政壇活動長達四十年。

我曾在反對黨陣營參加過多次競選，也僥倖當選為多屆國會及州立會議會議員。

然而，我已自政壇淡出快十二年了。

我見過許多為了「私利」而賣族求榮的政客，也嘗過當一個堅守原則及仗義執言的政治人物的苦頭。今日我雖已遠離政壇，卻不時還見到貪得無厭的傢伙，在眾人眼前出現，有的不幸失手，但更多的卻逍遙法外，令愛國者氣餒。

當我見到「無良知」的傢伙像隻「野豬」般落網了，我的心情也如詩人臺客兄一樣，一樣的激動，一樣的拍掌叫好。這時刻自然會想到寫詩，也不管詩的技巧是高是低，筆底下流露出的感情，卻是最原始的、最純樸的。

當我由電腦接到臺客兄〈聞老李被起訴〉的詩時，雖臺非我之國土，但我對詩人臺客詩裡所表達的感情，詩中的語境，與構成整首詩的質地，我是十分欣賞及愉悅的。

此刻就讓我和大家一同分享臺客在他心情「極爽」的情況下所寫成的這首詩吧！臺客寫成的這首短詩共十六行，每節四行，是最傳統的詩法。

但詩開頭的兩句：「那隻老狐狸／再也無法遁逃了」

詩人聞「他」被起訴的喜悅之情，一下子就流露出來，毫不掩飾，並且用了動物中最狡猾的「老狐狸」來形容這號人物，而巴不得將之「送入大籠裡」（是象徵的語言)。

這個「他」是誰?相信只要對臺灣政治或時事稍有涉獵者，便不難猜出，在此詩人不赤裸裸予以點破。

詩人怎麼用「狐狸」這個字眼呢?原來「他」扮演過羊的角色，企圖「贏得主子的青睞」(誰是主子呢?了解「他」的讀者，自然會心一笑。)

不僅有過羊的裝扮，還有讓人感覺「牛」一般勤耕的精神的「他」，但如果他是一隻狐狸，它最終會露出尾巴，而狐狸的尾巴肯定是臭的，也正如詩人臺客所寫的這首詩的最末一句:「任人訕笑與唾罵」

我是愛詩也寫詩的一個老人，我喜歡欣賞政治詩，也學著寫一些政治詩。但我覺得政治詩難寫得好，寫得過火，便流於宣教。臺客看來很少寫這類詩。可是他出手高明，把三種不同性質的動物結連在一塊，來描寫一個紅極一時而最終落得「身敗名裂」的人物，還有比這更靈活，更深刻，更形象的寫法嗎?

附錄

聞老李被起訴

台客

那隻老狐狸
再也無法遁逃了
這一次我們
一定要把他送進大籠裡

他曾經扮演
羊的角色
身段如此柔軟
贏得主子的青睞

他也曾扮演
牛的角色
好像一步一腳印
努力耕耘這塊土地

最終啊證明
他只不過是一隻狐狸
露出一截難堪髒臭的尾巴
任人訕笑與唾罵

二〇一一年七月一日

臺客這首詩真是寫的太「奇美」了，健康、明朗、中國，萬分傳神。起先老李像一隻羊，絕大多數（支持率達七成的美好歲月）人喜歡他；接著像一隻牛，也受人尊敬，他有機會讓全臺灣甚至全中國（至少十億以上），都成為他的「粉絲」。可惜啊！可惜，他非要去搞臺獨，非要出賣靈肉，像一個妓男，不賣尻賣屌，日子過不下去，此謂之「賤」。終於狐狸路也走完了，路走到盡頭，越走越窄，成了臺灣罪人，成為漢奸，成為中華民族的罪人，真是何苦！人最可悲是自己把自己玩垮了。但他為何走上這種路，下文從網路取下了解他的成長背景。

附件 李登輝的身世（資料來源：網路）

李登輝於民國十二年一月生於臺北市，其生父為：筱原笠次郎，係日本派駐臺北服務之刑警，生母為：江錦氏，是臺灣女子，時在筱原笠次郎家中幫傭時所生下之私生子。李登輝自小進入淡水中學及臺北高等學校，畢業後由其父帶回日本進入帝國大學深造，至民國三十四年因日本投降，遂與同學彭明敏、許遠東等多人來臺，李登輝來臺後，舉目無親，想找尋與其父曾在臺北一起服務之金龍伯伯，經多方探詢才獲知金龍伯伯已退休回三芝鄉置產養老，遂前往且拜為義父，由原名岩里正男改名為李登輝。

故李登輝曾與很多日本訪華團在接見時還用日語向他們自誇自己在二十二歲以前還是真正的日本皇民身份呢！其義父李金龍先生喜歡喝茶，常與老朋友品茗聊天時，偶爾說出：阿輝與曾文惠結婚時，要我不可為他主婚，因嫌我長得太矮，一塊站在臺上不稱配，有失面子，為此我感到非常遺憾。

李登輝確於三十五年參加中共臺大讀書會，三十六年由吳克泰介紹加入中國共產黨，後來在中共指派謝雪紅領導的中國共產黨臺灣工作委員會（即共產黨外團組織）任書記於三十八年四月被臺灣治安單位發覺，由國家安全局所逮捕，曾與翁文維同押於臺北市西寧南路保安司令部拘留所，被稱為「臺大四六案」李登輝當時被關四個多月，為求脫身，不惜寫自白書，並密告同學同志多人，致有蔡松城、張壁坤、胡滄霖、賴正亮、吳玉成等五位同學慘遭槍斃，並有多人判刑。

彭明敏、許遠東等則聞風而潛逃至海外，倖免於難，李登輝因密告破案有功，特准由行政院副院長徐慶鐘保釋交由蔣彥士（農復會主委）安置農復會工作，先由技術士再升組長，在臺大任副教授時才辦自新，當時國安局長周中鋒曾對李登輝說「你以後可以當教授，但不可以當公務員」！真夢想不到後來還當上國家元首了。

在蔣經國逝世，李登輝代理總統，便命一同坐牢難友翁文維為調查局長，將以前所有不法案件資料徹底全部消毀。在以後之黨政大權掌握下，開始獨裁，不聽諫言，一意孤行，吸收金牛，掛鉤黑道，排擠忠良，打壓異己，重要罪行是以一己之私，亂改憲法，以外來政客製造省籍情結，廢除三民主義課程，與民進黨臺獨相呼應，使黨內精英相繼出走，又以總統之身，要求廢省、凍省，以遂其早日完成臺獨心願，再以修憲增權，以鞏固其專橫之政權。

任滿後之總統大選，更排除異己，罔顧黨內聲音而提名連戰競選總統，仍一心想當上「太上皇」、及穩坐國民黨主席的位子，唉！真是權利腐蝕人心！走筆至此，想想一個日本人的兒子，都可當上臺灣的總統，統治臺灣已十三年之久，而且又刻意栽培陳水扁等人，他是臺灣永遠的亂源。

了解了老李的出身背景，才發現他和顯玗（川島芳子、金璧輝）多麼相似，所不同者是顯玗出身高貴，是金枝玉葉的皇家血緣。相同者是嚴重的自我迷失，一生找不到路，找不到家；因為他（她）恨，恨死原生父母，也恨那個原生的家，心中一定存在要狠狠報復的念頭，於是不斷的找刺激（用以麻醉自己、使出賣行為沒有感覺）。於是……出賣自己、出賣朋友同志、出賣祖宗八代、出賣國家民族、出賣靈和肉……但為何顯玗在最後關頭要選擇一條死路，放棄一定可以到手的活路，放棄回日本成為「民族英雄、俠女」的機會，乃至放棄必然可得的榮華富貴？為何？為何？？？只有一個原因「人之將死，其言也善」，她要改變最後的人生，她要「蓋棺論定」，回到本來面目（佛教所說人之本性、善性、佛性等），成為「道道地地的中國人」。其精神可敬，但不值得效法（指不要等到最後一刻）！給老李當一面鏡子！

是啊！人生凡事不要等到最後一刻才做，萬一來不及呢？豈不一生遺憾，且遺憾而終，不智！我近年常勸無宗教信仰的朋友，不論你要信佛或天主，早些去皈依（受洗），不要一直拖到最後，家人才在你耳邊問：「要用佛教還是天主教儀式？」你用最後一口氣說：「我要……佛……」萬一一口氣上不來，豈不到另一個世界當「流浪漢」！

寫本文的目的，除借臺客的詩吟諷人世間的罪惡黑暗，也想勸勸老李，以川島芳子為鏡子，不要等到最後一刻，早一點告訴國人：「我是道道地地的中國人」，便是早一點得到自在解脫，老李啊！別掙扎了！

李登輝只是代表，代表臺灣地區所有的獨派人士。所以，需要正視這個問題的，其實是所有那些獨派思維的人，他們血液中流著炎黃血緣，是道道地地的中國人，別再掙扎啦！你是中國人也是臺灣人，不是嗎？

補註：按上坂冬子著，黃耀進譯，《男裝の麗人・川島芳子伝》（臺北：八旗文化／遠足文化出版，二〇一五年十二月），川島芳子是一九四八年三月二十五日晨六時四十分，在北平第一監獄槍決伏法。第二日（二十六日），《南京中央日報》發佈此一消息。

第四章　李香蘭，漢奸或倭國功臣？

現在中年或老輩，或百歲以上的人，對「李香蘭」這位著名歌星，可謂家喻后曉，無人不知，幾乎是聽她歌長大的。〈夜來香〉、〈恨不相逢未嫁時〉、〈海燕〉、〈賣糖歌〉等，都是李香蘭的名典。我從小就聽過，很多上一代人在大陸也聽過。

二〇一四年九月七日，李香蘭以倭國參議員「山口淑子」之名，因心臟衰竭，在東京家中病逝。享年九十四歲，算是福壽雙全，她的死再度引起世人注意。

〈夜來香〉紅遍全中國

〈夜來香〉，原是電影《春江遺恨》插曲，由當時「滿州映畫株式會社」明星女高音李香蘭演唱，抗戰期間風行一時。〈夜來香〉由黎錦光作詞作曲，此人有很多化名，如金玉谷、李七牛等，詳見附記。

〈夜來香〉也流行到海外華人地區，被視為傳統中國流行歌曲的極品，而以李香蘭唱功亦為極致，故能廣為流行。甚至到廿一世紀，在「舞界」還常聽到，可謂一首百年吐露芬芳的好歌，安慰了無數孤寂的心。

倭國一手炮製的「假中國人」

李香蘭，一九二〇年生在中國東北（滿州）北煙臺，父是在關東軍工作的山口文雄，不久全家遷到撫順。李香蘭從小愛唱歌，在北平學習中文，受過女高音訓練，由於她和中國文化、音樂歌曲有很深的淵源。所以，她把倭國叫「祖國」，中國叫「故國」。

民國二十年（一九三一），倭國挑起「九一八事變」，準備要全面進行「亡華之戰」。因為當時中國在形式上已經統一，實質上還有很多分裂勢力，不能再等了，等中國實質統一強盛，要「三月亡華」就難了。這是倭人急於製造戰爭的原因。

一九三二年倭軍佔領吾大中國之東北，又一手炮製「滿州國」成立。一九三三年，〈滿

州國之歌〉的演唱人李香蘭初次登臺，此時的李香蘭仍是山口淑子原形，一個道地的倭國女子。此時的她還是一個天真爛漫的少女，她不知道自己將被炮製成「假中國人」，利用她來對付中國人，她只是侵略者的一個「美麗的工具」。

多年後，直到她晚年，想起此事仍感悲痛，悔恨交加。對自己的倭國竄改教科書，否認侵略，導致現今倭國年輕一代，不知父祖輩獸行，她更痛澈心扉。

以漢奸罪名入獄，證實爲倭國人後驅逐出境

山口淑子的中文名「李香蘭」，是李際春（軍閥、漢奸、河北滄縣人）取的。李際春和山口淑子父親是結拜兄弟，收淑子為義女。在李香蘭尚是少女時代，就被滿州國宣傳機構「滿映」相中，先捧為歌手，再捧為電影明星，條件就是她必須偽裝成「假中國人」，扮成美化倭國侵華的中國女子角色。

這件事讓李香蘭苦惱不堪，一輩子無法解開心中的迷結，她一直想「不扮了」，但身不由己，只能任由倭人的軍國主義使用她這俱「美麗的工具」，透過〈夜來香〉的醉迷，迷惑所有的中國人。據聞，抗戰期間都市裡的舞廳都還客滿，唱跳著〈夜來香〉，故有「前方吃緊、後方緊吃」的諷話。

抗戰結束，倭國投降，那些當漢奸的全都被捕，與李香蘭同時被捕的尚有川島芳子。漢奸罪名都要判死刑（臺灣這些臺獨漢奸未來也是），就在緊要關頭，她的家人找到「戶籍副本」，證明「李香蘭是倭國人」，除去了她的「漢奸」之名。依法（或依蔣公以德報怨的錯誤政策），她被驅逐出境，返回倭國。

內疚的下半生

李香蘭回到倭國，初期仍是從事歌唱表演工作，五〇年代曾到美國，演出過好萊塢電影和百老匯歌舞劇，混不出名堂。一九五六年，應香港邵氏公司之邀，拍過《金瓶梅》、《一夜風流》、《神秘美人》等電影，前面那張照片就是《神秘美人》中的造型。

在《一夜風流》的插曲〈三年〉和〈小時候〉，《金瓶梅》插曲〈蘭閨寂寂〉，日後也都成為國語流行歌的經典。做為一個歌星，她確實功力不凡，美貌和才華都出眾。做為一個「倭國人」，她和其他「倭鬼」不同，她尚存在一些可貴的反省能力。

七〇年代後，李香蘭當了十八年參議員，當然是「山口淑子參議員」。她利用她的政治角色，一再譴責倭人政要參拜靖國神社行為，她也為慰安婦奔走，協助創設「亞洲女性基金會」，進行慰安婦賠償。（註：但臺灣的慰安婦未獲半文錢賠償，皆因大漢奸李登輝、蔡妖女等，說臺灣慰安婦是自願的，不須賠償，可見這些臺獨妖女魔男多麼邪惡、可惡！）

李香蘭多次說過，她夾在「祖國」和「故國」之間，身心都受戰爭之苦，因此堅絕反對戰爭。她也坦承，年輕時為軍國主義服務，拍了歧視中國人的電影，是一生揮不去的內疚。二〇一四年九月七日，她終於走完人生。她雖是倭人，依然有幾分可敬，不談她的身份，她唱紅的一些歌，如〈夜來香〉、〈恨不相逢未嫁時〉、〈海燕〉等，我都喜歡。

附記　黎錦光（化名：李七牛、金鋼、金玉谷、金流、巾光）

黎錦光（一九〇七—一九九三），湖南湘潭人。他有八兄弟個個都是人才，黎錦暉（一八九一—一九六七）是流行歌開山鼻祖，有「中國流行音樂之父」美名，黎錦揚是小說家，黎錦光是詞曲家，創作名曲有二百多首。如〈少年的我〉、〈夜來香〉、〈相見不恨晚〉、〈春之晨〉、〈晚安曲〉、〈愛神的箭〉、〈凱旋歌〉、〈香格里拉〉、〈白蘭香〉、〈好時光〉、〈小放牛〉、〈王昭君〉、〈鍾山春〉等。

抗戰期間，黎錦光擔任上海百代唱片公司音樂部主任，因歌曲需求量大，以不同化名寫了很多歌。〈夜來香〉、〈少年的我〉、〈叮嚀〉等是早期作品。

上海淪陷期間，他為電影《鳳凰于飛》和《懸崖勒馬》，《鳳》片的〈慈母心〉和《懸》片的〈相見不恨晚〉，都是當時的招牌歌。

民國三十五年，香港大中華電影《花外流鶯》，由方沛霖導演，周璇、嚴化、呂玉堃主演，插曲〈春之晨〉、〈晚安曲〉（後臺視晚安曲節目片頭）；又同年同公司電影《長相思》，何兆璋導演，周璇、舒適主演，其插曲〈星心相印〉、〈凱旋歌〉；民國三十六年同公司電影《歌女之歌》，方沛霖編導，周璇、王豪主演，插曲〈愛神的箭〉，這些周璇唱的歌，全是黎錦光的作品。

還有，電影《鶯飛人間》插曲〈香格里拉〉和〈好時光〉，也是黎錦光作品，〈香格里拉〉是陳蝶衣作詞。〈王昭君〉和〈小放牛〉的流行，也不下於〈夜來香〉。

圖片來源：凌晨主編《中國流行歌曲》第一集（台北：長橋出版社，1977 年）

夜來香（春江遺恨）

金玉谷詞曲

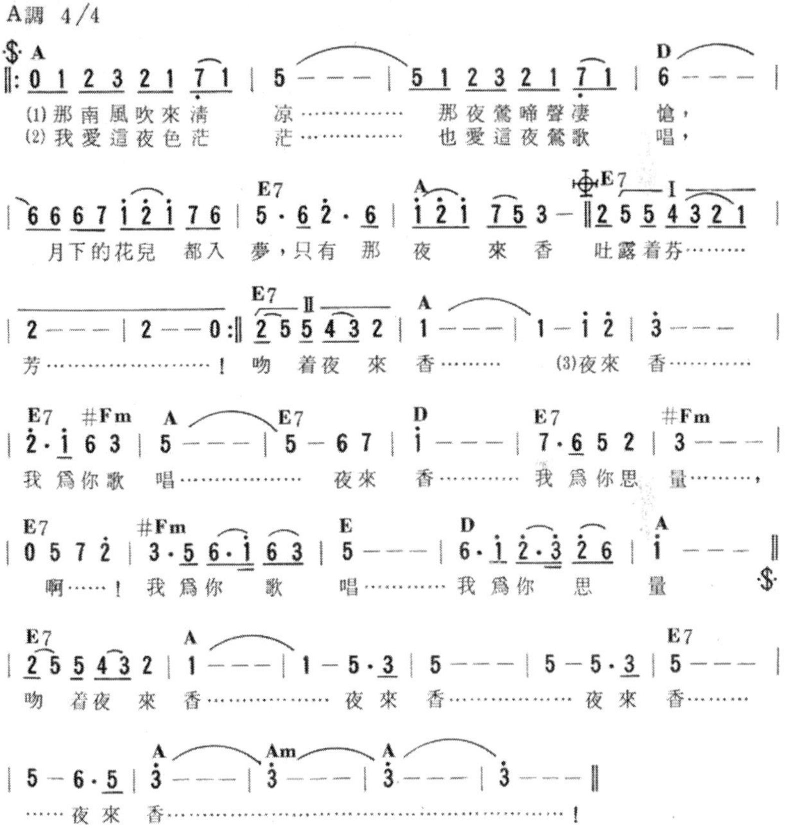

A調 4/4

A
‖: 0 1 2 3 2 1 7 1 | 5 — — — | 5 1 2 3 2 1 7 1 | D 6 — — — |

(1)那南風吹來清 涼…………… 那夜鶯啼聲淒 愴，
(2)我愛這夜色茫 茫…………… 也愛這夜鶯歌 唱，

| 6 6 6 7 1 2 1 1 7 6 | E7 5 · 6 2 · 6 | A 1 2 1 7 5 3 — ‖ E7 2 5 5 4 3 2 1 |

月下的花兒 都入 夢，只有 那 夜 來 香 吐露着芬………

| 2 — — — | 2 — — 0 :‖ E7 2 5 5 4 3 2 | A 1 — — — | 1 — 1 2 | 3 — — — |

芳…………………！ 吻 着夜 來 香……… (3)夜來 香…………

| E7 2 · 1 #Fm 6 3 | A 5 — — — | E7 5 — 6 7 | D 1 — — — | E7 7 · 6 5 2 | #Fm 3 — — — |

我 爲你歌 唱……………… 夜來 香………… 我 爲你思 量………，

| E7 0 5 7 2 | #Fm 3 · 5 6 · 1 6 3 | E 5 — — — | D 6 · 1 2 · 3 2 6 | A 1 — — — ‖

啊……！ 我 爲你 歌 唱………… 我 爲你 思 量

| E7 2 5 5 4 3 2 | A 1 — — — | 1 — 5 · 3 | 5 — — — | 5 — 5 · 3 | E7 5 — — — |

吻 着夜 來 香……………… 夜來 香……………… 夜來 香………

| 5 — 6 · 5 | A 3 — — — | Am 3 — — — | A 3 — — — | 3 — — — ‖

……夜來 香……………………………………………！

王昭君

金鍋選曲（廣東古曲）

D調 4/4

#Fm　Bm　Em　#Fm
| 3 — | 5 3 5 6 6 — | 6 — 6 6 | 2 2 1 2 | 1 2 1 2 1 2 3 · 7 |
王　昭　君　悶　坐　雕　鞍，

Bm #Fm Bm　Em　A7　Em　#Fm
| 6 6 0 7 5 6 | 5 6 6 5 3 5 2 · 3 5 | 2 2 3 5 2 0 6 1 | 2 — 3 3 5 |
思　憶　漢　皇。　朝朝

Em　#Fm　Em　A7 #Fm　Bm　Em
| 2 3 2 1 3 2 3 3 5 | 2 1 3 2 3 · 5 3 4 3 2 | 1 · 2 3 6 5 3 2 0 6 1 |
暮　暮，暮暮　朝　朝，黯　然　神　傷。

#Fm　Em　#Fm　G　#Fm　Bm
| 2 — 3 3 5 | 2 1 3 2 3 5 | 3 · 5 #3 4 3 2 1 0 6 | 5 6 3 5 7 6 — |
前途　茫　茫，極目　空　翹　望，

G　#Fm Bm #Fm Bm #Fm Bm #Fm　Bm　#Fm
| 0 0 7 6 6 0 7 | 5 6 3 6 | 5 6 5 6 5 3 2 3 5 6 | 3 · 6 3 6 3 · 7 |
見　平　沙　雁　落，

Bm　#Fm Bm #Fm　Em #Fm　G　Bm　A7　D
| 6 6 0 7 5 6 | 5 6 6 5 3 5 2 0 3 5 | 1 2 6 · 1 2 1 2 3 1 |
聲　斷　衡　陽，月　昏

A7　#Fm　D　Em #Fm Bm　D　#Fm A7
| 2 · 5 3 5 3 2 1 3 2 1 | 1 2 3 2 1 2 3 | 5 5 6 3 6 5 — | 3 3 5 5 |
黃　返照雁門關　上，塞外

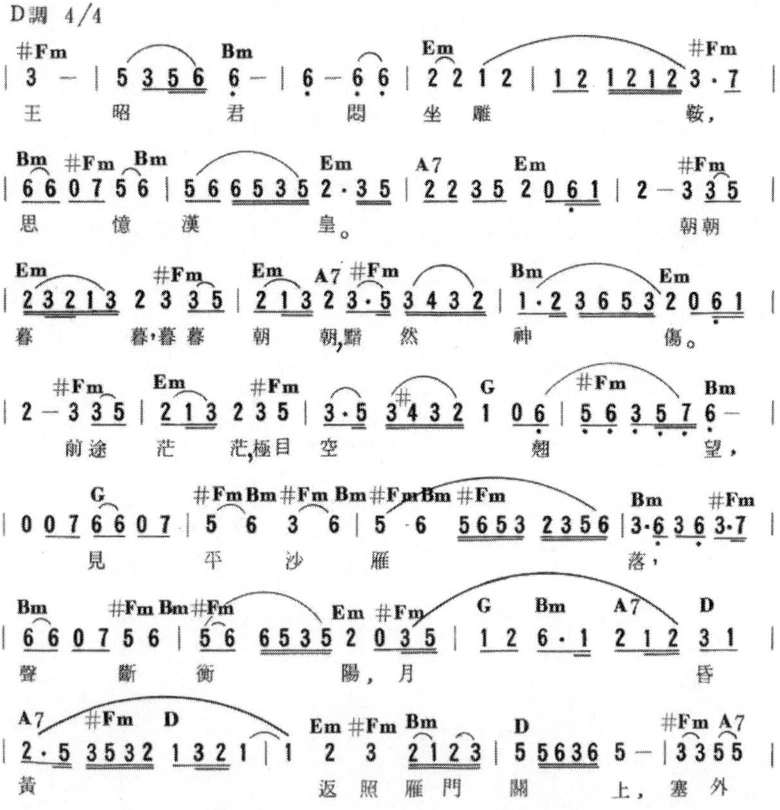

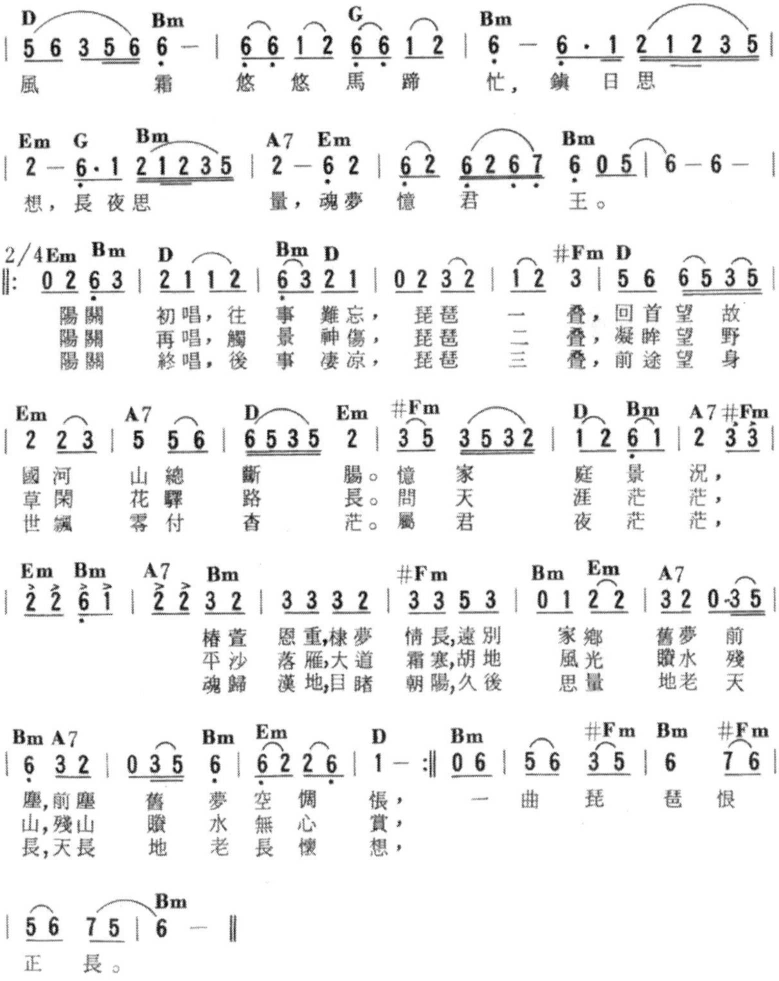

D Bm G Bm
| 5 6 3 5 6 6 — | 6 6 1 2 6 6 1 2 | 6 — 6 · 1 2 1 2 3 5 |
風 霜 悠 悠 馬 蹄 忙，鎮 日 思

Em G Bm A7 Em Bm
| 2 — 6 · 1 2 1 2 3 5 | 2 — 6 2 | 6 2 6 2 6 7 6 0 5 | 6 — 6 — |
想，長 夜 思 量，魂 夢 憶 君 王。

2/4 Em Bm D Bm D #Fm D
‖: 0 2 6 3 | 2 1 1 2 | 6 3 2 1 | 0 2 3 2 | 1 2 3 | 5 6 6 5 3 5 |
陽關 初唱，往 事 難忘，琵琶 一 疊，回首望 故
陽關 再唱，觸 景 神傷，琵琶 二 疊，凝眸望 野
陽關 終唱，後 事 淒涼，琵琶 三 疊，前途望 身

Em A7 D Em #Fm D Bm A7 #Fm
| 2 2 3 | 5 5 6 | 6 5 3 5 2 | 3 5 3 5 3 2 | 1 2 6 1 | 2 3 3 |
國 河 山 總 斷 腸。憶 家 庭 景 況，
草 閑 花 驛 路 長。問 天 涯 茫 茫，
世 飄 零 付 杳 茫。屬 君 夜 茫 茫，

Em Bm A7 Bm #Fm Bm Em A7
| 2 2 6 1 | 2 2 3 2 | 3 3 3 2 | 3 3 5 3 | 0 1 2 2 | 3 2 0 3 5 |
椿萱 恩重，棣夢 情長，遠別 家鄉 舊夢 前
平沙 落雁，大道 霜寒，胡地 風光 賸水 殘
魂歸 漢地，目睹 朝陽，久後 思量 地老 天

Bm A7 Bm Em D Bm #Fm Bm #Fm
| 6 3 2 | 0 3 5 6 | 6 2 2 6 | 1 — :‖ 0 6 | 5 6 3 5 | 6 7 6 |
塵，前塵 舊 夢 空 惆 悵， 一 曲 琵 琶 恨
山，殘山 賸 水 無 心 賞，
長，天長 地 老 長 懷 想，

Bm
| 5 6 7 5 | 6 — ‖
正 長。

第五章　關於蔣公和「白團」

一九四五年二戰結束，中國的人命財產損失如天文之數，難以估計。這筆債中國人必須在廿一世紀取回，徹底消滅倭國，中華民族才能永絕後患。絕不讓倭人有第四次侵華的機會，若有吾族必是愚種。

二戰結束，當時被拘留在我國的倭國戰犯有二三八八人，排除遣返、審查不受理、不起訴、無罪者，最後只有一一〇人判死刑，四十一人無期徒刑，一六七人有期徒刑。

我們最常聽到的靖國神社有十四個甲級戰犯：東條英機、廣田弘毅、土肥原賢二、松井石根、木村兵太郎、板垣征四郎、武藤章、松岡洋右、永野修身、梅津美治郎、平沼騏一郎、小磯國昭、東鄉茂德、白鳥敏夫。

該死的死了，該關的也關了，中國人以為從此可以平安過日子。其實災難沒完，一九四九年河山完全變色，老闆帶著少數餘生者逃到南蠻小島，家產丟了百分之九十九，真是情何以堪！

老闆（蔣公）和有志之士當然極思復國之道，有為者當如是。

為謀復國（反攻大陸）之策，大老闆（蔣公）竟起用當年侵略吾國之一批高階日軍，即「無罪遣返」的高級戰犯，他們因吾國「以德報怨」可生還倭國。一九六〇年（民四十九）六月十七日，以岡村寧次（支那派遣軍總司令）為首的一批人，被蔣公請來制訂「反攻大陸政策，是日正是倭人治臺六十五週年的「始政紀念日」，這個倭人軍事顧問團叫「白團」。

之所以叫「白團」，因為實際執行的是化名白鴻亮的富田直亮。而在岡村寧次尚未到臺灣之前，一九四九年已有倭人顧問開始被蔣公起用，幫助制訂反攻之策，直到一九六八年共計有八十三位白團成員，也在一九六八年停止白團運作。但這位「白鴻亮」擔任國軍顧問，到一九七九年才結束返國。

前排蔣公，二排左起賀公吉、大橋策郎(喬本)、富田直亮(白鴻亮)、岩坪博秀(江秀坪)；後排蔣公正後方是立山一男(楚立三)。

「白團」在戒嚴時代是「絕對機密」，外界聞所未聞。但天底下沒有任何機密是永不曝光的（瞞天過海之機除外），白團事件曝光後，引起很多批評，嚴重傷害中國人民的感情。這些戰犯在神州大地殺害無數中國人民，怎麼蔣公會把這些劊子手弄到臺灣？對歷史、民族如何交待得過去？對全體中國人民如何交待？

我寫本文甚為不忍，蔣公乃我老校長，於情不該多說。惟在民族大義、大是大非之下，春秋之筆仍須秉公直書：「老校長，白團之事您錯了！」

但從平常心看眾生，人之一生所為，絕不可能無過、無錯、零缺點。功過相抵，蔣公在中華民族歷史地位上，仍然功大於過。當然，最終「定論」可能再百年吧！或者永無定論！

第六章　唯廉不能治國，鮑叔牙和馬英九

「禮義廉恥，國之四維，四維不彰，國乃滅亡。」是管仲的興國綱領，更是中國幾千年來不破之真理，任何統治者無不高舉「禮義廉恥」大旗。可確保社會安寧，國家安全，統治大位安穩。

弔詭的是，馬英九高舉「以廉治國」，身體力行，除自己清廉，更以清廉為「唯一標準」要求所有人。結果，二〇一四年的「九合一」大選，等於宣佈以廉治國徹底失敗，「唯廉」足以亡黨亡國，太奇怪了！

乾脆禮義廉恥都不要，如陳水扁以「無恥治國」，還是險此亡黨亡國，叫紅衫軍高舉「恥」字以救亡。神奇啊！這廉恥到底要不要？解鈴人要繫鈴人，話是管仲說的，看他如何詮釋「馬英九問題」！

周襄王七年（前六四五年），管仲病危時，齊桓公探望他，並詢問何人可以接相位？

管仲反問：「國君最了解臣下了，您是怎樣打算的？」

齊桓公賞識管仲的才能，愛烏及屋，也欣賞管仲最好的朋友鮑叔牙。管仲年輕時貧窮，得到鮑叔牙很多幫助，可以說沒有鮑叔牙，就沒有管仲相齊的事業，齊桓公也未必能成就「五霸」之一！所以齊桓公第一個想到可以接任管仲相位的人，正是鮑叔牙。

管仲聽到齊桓公欲任鮑叔牙為相時，卻反對說：「鮑叔牙是個君子，以廉律己，善惡分明，這樣是不可以為政的。」

齊桓公又問：「易牙可以嗎？」

管仲說：「易牙為了自己的政治前途，討好國君，竟烹煮了自己的兒子，這種沒有人性的人還是離他遠一點較安全。」

齊桓公又問：「開方這個人如何？」

管仲答說：「衛公子開方這個人有太大的野心，他捨棄做千乘之國太子的機會，屈奉在國君之下十五年，父親去世都不回去奔喪，這動機太可疑了。如此，就人倫講，違反情義，沒有父子情誼的人如何能忠於國君？再者千乘之封也是極大榮耀，他不要，而俯就於國君，他必謀大於千乘之封的版圖。此人危險，要疏遠這種人，不能任為相國。」

齊桓公又問：「易牙、開方都不行，豎刁可以嗎？他寧可自殘身體來侍奉寡人，難道會對我不忠嗎？」

管仲說：「不愛惜自己的身體，是違反人情常理的，這樣的人不會真心忠於國君，重用這三人，對國家、人民都是禍害。」

管仲最後向齊桓公推薦隰朋，因此人「心地忠厚、不恥下問、居家不忘公事」，他是一個較能用平常心看待諸事的人，能兼顧情理法公私，可以為相。

後來易牙、開方、豎刁三人知道此事，心中惱怒，便一起去挑撥鮑叔牙，說管仲阻止齊桓公任命鮑叔牙，不能當朋友等等。

鮑叔牙笑說：「管仲薦隰朋，正說明他一心為國為百姓為社稷，不存私心。我現在做司寇，驅逐佞臣，正合我意。若我去接了相位，豈有你們三人容身之處？」

易牙等三人討個沒趣，也深覺管仲和鮑叔牙的交情，堅固如山，灰頭土臉的走了。

本文所要提示（不是解答）的，是從管仲不主張清廉的鮑叔牙接任相位，從這個高層次大格局來看馬英九，為何「以廉治國」會失敗？甚至成了「亡黨禍國」的罪人，此中原因很多很複雜。但也不難理解清楚明白的「根本性問題」，清廉講求到極致，必「水中無魚」，人才遠離，「廉」和「能」於是完全「脫鈎」，佔著大位而成「孤芳自賞的君子」，這種君子只能像筆者這種草民可以當才是福；凡當權居大位者，當這樣的君子都是禍。

管仲深知其理，故不薦好友接相位。老鮑也了解自己不能為相，不求為相（他若去「關說」管仲，定能得好友相助謀取大位，但他不會去關說，因為他是鮑叔牙。）。

雖然馬英九「以廉治國」失敗，甚至不少評論說「都是廉闖的禍」。但「廉」仍然是人性、人情、政治、社會中，一個最高貴、珍貴的價值。

「廉」字要把握到何種程度？無人說得準。臺大哲學系林火旺教授，有一篇文章〈泛道德化扼殺了道德：阿基師事件反思〉（人間福報，二〇一四年十二月十六日），或許是個啟示。「泛廉化」，也扼殺了各種執行能力，所有的事都做不成了，只成了「人民的出氣桶」，可惜啊！

人間百年筆陣

人間福報 2014.12.16 第五版

執筆人：林火旺

台大哲學系教授

泛道德化扼殺了道德－阿基師事件反思

第七章　網路排名中國歷代昏君（含地方割據政權）再評述

網路上流傳著中國歷代昏君二十位，其中有的談不上是全中國（統一狀態）之君，而只是一個非法的地方割據政權。不論這些地方割據的領導如何稱王稱帝稱總統，終究是「地方當局」之君，而不是全中國之君。但因網路上流傳這二十位昏君，所依據的理由有很多灰色地帶，與歷史上較普遍的評論差距太大，故有本文補充。

再者，所謂「昏君」只是一個心理感覺，難有普遍定義。最難的是，昏一時，還是昏一輩子？只昏幾件事，還是所有的事都昏，人不可能一生完美，一輩子從不犯錯，從無一次昏。比較好的說法（或定義），應說某種程度上是昏君，而絕大多數是初為明君，久成昏君。

壹、第二十名昏君，南唐李後主（李煜）

李後主在歷史上的評價非常兩極，從政治角度評述，他確實是昏君，國家在他手上亡了，他的無（不）作為使他承擔「亡國之君」惡名；反之，在中國文學史上他高坐「聖君」大位，千年不倒，無可取代，他被尊為「文學史上永恆不倒的君王」，厲害吧！怎說他是昏君？這到底是怎麼一回事！

世界歷史分久必合，合久必分，中國亦是。話說咱們中國歷史走到北宋初立，尚有很多地方割據藩鎮，北方除契丹政權之外，另有南平、武平、後蜀、南漢、南唐、吳越、北漢等。當時宋太祖趙匡胤採取的戰略，是先易後難、先南後北、南攻北守，旨在先取得南方雄厚的人力物力，後集中力量對付北方強敵。

從建隆三年（九六二年），開始北宋用了十六年統一全國，結束唐末藩鎮割據和五代十國大亂。趙匡胤在滅南唐後不久去世，由他弟弟趙光義繼承帝位。

南唐李煜繼帝位（九六二年）時，南唐已是殘局，宋太祖開寶七年（九七四年），遺曹彬伐南唐，次年陷金陵（今南京市），後主出降，太祖封違命侯，此後被囚，受到很難堪的待遇。

這是現實中無奈之事，軍事政治他完全不懂，也不關心國家政局，他只有一顆赤子之心，每天和愛人一起作詩創詞，這是不幸的安排。文學上有一句話像是為他而說，「窮而後工」，現實環境中的苦難，正是文學創作最好的營養，放眼中外文學史，看看屈原、杜甫、坦丁等，似乎如是。李後主最上乘之經典作品，都是經歷亡國慘痛，從帝王變成俘虜的生活寫照。

中國文學「詞」文體，到李煜更是大放異彩，文學史上「千古一人」。但國家確實在他手上亡了，他沒有能力收拾殘局，當曹彬計劃以浮橋渡江時，他仍相信：「載籍以來，長江無為梁之事。」直到他登城見旌旗蔽野，方知已兵臨城下，只子肉袒出降。《西清詩話》有一段文字記錄說：

> 南唐後主在圍城中作〈臨江仙〉，詞未就而城破，嘗見殘稿，點染晦昧，心方危窘，不在書耳。藝祖曰：「李煜若以作詩工夫治國家，豈吾俘也。」

大敵當前，他還在作詩詞，那有不亡。但藝祖所言也未必是，後主以作詩工夫治國家，國遲早亦亡。為何?此統一之大勢所趨，如三國之蜀、明末之南明（鄭成功之臺灣政權），都擋不住中國大一統潮流，未來臺獨偽政權也是。偏安政權終究只是地方割據政權，乃至是不法政權，都是短命政權。

從南唐所面臨的潮流大勢看，其亡國乃大勢所趨，並非「貪污腐敗、陷害忠良」等所致。李後主天生是詩詞家，無治國之才，身為領導當然要承擔亡國之責，但說他是「昏君」是過責，應該要平反，他和常識中說的昏君有很大的不一樣。反正「昏君」二字用在他身上，怎麼看都對不上!

貳、第十九名昏君：清乾隆皇帝（愛新覺羅弘曆）

在滿清所有皇帝中，被史家評述可為英傑人物論說，只有四位：清太祖天命汗努爾哈赤（此期國號金，尚未改清）、清太宗崇德帝皇太極、清聖祖康熙和清高宗乾隆大帝弘曆。

乾隆帝在位六十年，做太上皇四年，等於執政六十四年，享受八十九歲。他是中國歷史上享年最高的皇帝，也是實際執政最久的皇帝，在他的時代有的史家稱「乾隆盛世」。他會被稱「昏君」，和寵幸和珅有關，但這有很複雜的原因，算是他的「黑暗面」吧！應該要看他的「光明面」。史家歸納乾隆帝一生，有八大功績：

一、**編修文化典籍**：主持纂修《四庫全書》、編修《滿文大藏經》、整理《老滿文原檔》、敕編《八旗通志》、《滿洲源流考》、《欽定滿洲祭神祭天典禮》（滿、漢文本）等。其他如《御制五體清文鑑》、《京城全圖》、《國朝宮史》等之完成，體現他重視歷史文化。

二、**維護、興建皇家園林**：如皇宮的寧壽宮及其花園、天壇祈年殿、清漪園（頤和園）、圓明園三園、靜宜園（香山）、靜明園（玉泉山）、熱河行宮和外八廟等。這些皇家園林都是中國著名建築藝術，除圓明園被洋鬼子焚燬外，現今都成為世界文化遺產。

三、**文學藝術亦空前大家**：乾隆天資聰明，又勤奮好學，創作量之大，超越古今帝王。他是詩人、畫家、書法家、語言學家（新老滿文、漢文都精通，蒙、藏、維等語言文字亦通）。他有大量文章，僅編成文集有《御制文初集》（有二集、三集、餘集），一千三百多篇，另有《清高宗聖訓》三百卷。

乾隆每日必作詩，他的詩總計有四萬二千六百一十三首，編成很多詩集。說來他也是皇帝詩人，他說：「幾務之暇，無他可娛，往往作詩。」對於一個握有大權力的王者，能有如此生活形態，就遠離了昏君。

四、蠲免天下錢糧，恩澤施於百姓：御史赫泰曾上疏：「國家經費，有備無患，當今無事之時，不應蠲免一年錢糧。」乾隆則說：「百姓富足，君孰與不足？朝廷恩澤，不施及於百姓，那將施於何處？」所以，乾隆斷然下令蠲免全國錢糧。

按史料記錄，乾隆十年、三十五年、四十三年、五十五年和嘉慶元年，先後有五次普免全國一年的錢糧，三次免除江南漕糧（其中一次為四百萬石米），總計蠲免賦銀二萬萬兩，相當於五年全國財賦總收入。這在中國歷代皇帝中所謂「恩施百姓」，無人可以做到這個程度，絕大多數是把百姓當「提款機」，提到人民受不了了，只好起來革命造反！

乾隆的做法受到百姓歡呼，有說「詔下之日，萬方忭舞。」此雖頌德之意，至少也有八分實在。總之，乾隆蠲免全國錢糧，其次數之多，地域之廣，數量之大，效果之好，在歷史上空前亦絕後。能如是，就算他犯了別的錯，也不能說他是昏君。

五、統一新疆，移民實邊，鞏固國防：乾隆不僅崇文，而且「宣武」（北京內城「宣武門」，標榜皇帝宣武之決心。新疆動亂由來已久，在北疆兩次平準噶爾，使土爾扈特部回歸；南疆（天山以南維吾爾族），清代稱「回部」。清軍平定北疆後，回部欲自立乾坤，清軍只得「武統」南疆。乾隆對新疆的治理，採行軍府制，駐紮軍隊，進行移民實邊和屯墾，加強治理。

統一了新疆，等於確保京師和大西北安全，保障西北、漠北、青海和西藏的社會安定，等於也確保中國全面之國防、軍事、社會安全，這是重大的貢獻。

六、創新制度，完善治理西藏：廓爾喀（今尼泊爾）常侵犯西藏邊界，乾隆有兩次派兵征討，均大敗廓軍。為長治久安之策，制定《欽定西藏章程》，派駐藏大臣和駐軍，創建靈童轉世新制度，穩定政局和社會秩序。

新制度稱「金奔巴瓶制」，規定達賴喇嘛、班禪額爾德尼圓寂後，在駐藏大臣監督下，靈童轉世用金奔巴瓶製籤決定繼承人。另欽定西藏貨幣一律白銀鑄造，正面鑄「乾隆寶藏」四字，《欽定西藏章程》彰顯大清對西藏的有效治理，金奔巴瓶制則沿用至今。

七、修砌浙江海塘，改石塘：浙江海塘又叫錢塘江海塘，是吾國古代偉大工程之一，自漢代已築土塘，歷代有修整，部分為柴塘。

海塘對沿海地區的人民生活和生產都是重要屏障。年久失修，加以柴塘、土塘經不住海潮衝擊，乾隆命改建石塘，大大提高沿海生產和安全保障。

八、統一中華各族，開拓邊疆版圖：清朝到乾隆是第六代，乾隆在先祖基礎上進而鞏固版圖和統一各族，這是國家民族的千年大業。到乾隆時中國疆域，東起大海，西達蔥嶺，南迄曾母暗沙，北越外興安嶺，西北到巴爾喀什湖，東北到庫頁島。可惜後來幾代不爭氣，丟了很多領土，包含現今臺島現在的偽政權，禍害整個中華民族，也是滿清末葉的敗家子種的惡因。

乾隆曾自我總結一生有「十全武功」，自詡「十全老人」，作《御制十全記》。他的十全武功是「平準噶爾為二，定回部為一，掃金川為二，靖臺灣為一，降緬甸、安南各一，即今二次受廓爾喀降，合為十。」

乾隆最受後世評述，是他寵幸和珅，養成一個大貪官，此中甚為複雜，與電視演的全不一樣，難用數言說明。乾隆一閉上眼睛（嘉慶三年正月初三，一七九九年二月七日辰時），第五天，和珅被捕，下刑部大獄，抄家籍產。和珅家產先後抄出白銀八億兩，當時清朝國庫收入一年才七千萬兩。隨後，嘉慶帝宣佈和珅二十大罪狀，正月十八日賜死，終年五十歲。

總結乾隆功過，雖非完全明君，也算有為之君，不能說昏君。把格局放大到全世界，乾隆之世，西方啟動工業革命，法國大革命、美帝建國，西方在大進步，乾隆無視世界潮流，陶醉在「天朝上國」迷夢中。此後中國開始衰落成「次殖民地」，這個問題涉及廣泛面向，可能要從明朝說起，非乾隆一人所能全部「承擔」。

參、第十八名昏君：宋徽宗趙佶

有宋一朝，最大的霉運是同時面對四大敵人：遼、金、西夏、蒙古。北宋南宋共二百一十九年，自宋太祖建隆元年（九六〇年），到宋祥興二年（一二七九年）二月，陸秀夫負幼帝跳海死，宋亡。

北宋到了徽宗，不僅是殘局，已是滅亡之前夜，加上徽宗無意朝政，奸相蔡京和宦官童貫弄權，加速北宋之亡。靖康二年（即宋高宗建炎元年、金太宗天會五年、一一二七年）二月，徽、欽二帝及親王、太子、后妃、諸臣共三千多人，被金兵擄走。二帝到燕京（今北京）後，徽宗被封昏德公，欽宗被封重昏侯，其他王孫等全充當為奴，史稱「靖康之恥」。金太宗封宋徽宗「昏德公」，諷他是昏君，他也確實是昏君（從政治論述）。

但徽宗和李後主很類似，並非那種「貪污腐敗、禍國殃民」的昏君，他也是詩詞歌賦書畫全精通的風流天子。他創「瘦金體」書法，在吾國幾千年書法史也是「永恆不倒王」，只是無意政事，北宋到他手上，滅亡已是必然。總評他是昏君也是過責，他和後主都不幸而生在帝王家，又置滅亡之前夜，亡國之責只好算在他頭上。

叔本華論悲劇，其一就是由地位錯置而起，思之愴然！但人世間許多事身不由己，「生」來更是。我問讀者，若你生在富二代，你會或能放棄嗎？

肆、第十七名昏君：三國蜀漢後主劉禪（阿斗）

「劉阿斗」的知名度在中國民間社會很高，高過很多雄才大略的君王，可惜是貶意的知名度。俗語中的「樂不思蜀」、「扶不起的阿斗」，都是形容蜀漢後主劉禪，快成了「窩囊廢」的代名詞。

劉禪真的被冤枉了一千多年，世人都受小說影響，而不看正史，他不是雄才之君，確十足是仁慈、開明的賢君，甚至仁君。不論中外歷史，君臣之間極少「開誠布公」，真心相待，通常都是「伴君如伴虎」，稍有閃失頭就搬家了。可劉阿斗完全不是這樣，當孔明在時與不在時，他與眾臣關係都很和諧，為何他有如此大度？應與坎坷身世有關。《三國志》引述《魏略》說：

> 初備在小沛，不意曹公卒至，遑遽棄家屬，後奔荊州。禪時年數歲，竄匿，隨人西入漢中，為人所賣。及建安十六年，關中破亂，扶風人劉括避亂入漢中，買得禪，問知其良家子，遂養為子，與娶婦，生一子。初禪與備相失時，識其父字玄德。．．．備乃立以為太子。初備以諸葛亮為太子太傅，及禪立，以亮為丞相，委以諸事，謂亮曰：「政由葛氏，祭則寡人。」亮亦以禪未閑於政，遂總內外。

劉禪在戰亂中長大，在東逃西竄中，他看到戰爭給人帶來無窮苦難，他應該是看透了這悲慘世界。故能大度，也比較仁慈，他曾說：「朕聞天地之道，福仁而禍淫。善積者昌，惡積者喪，古今常數也。是以湯武修德而王，桀紂極暴而亡。」

劉備和諸葛亮的君臣關係「和諧、美妙」，歷代評價極高，被視為封建時代君臣關係「完美的典範」。劉禪從父親身上承續到這種美妙和諧的君臣關係，說明他的聰明和大氣，完全不是傳言那樣，而是一種考量大局的智慧，犧牲自己的「名節」，挽救苦難的百姓。所以，王隱在《蜀記》中說：「劉禪之所以寧背罵名而不作辯解，乃全國為上之策。」說明劉禪是個仁君。

最終，當魏軍兵臨城下，劉禪的兒子劉諶對父親說：「臣切料成都之兵，尚有數萬。姜維全師，皆在劍閣，若知魏兵犯闕，必來救應，內外攻擊，可獲全勝。」劉禪斥叱兒子說：「汝欲令滿城流血耶？」劉禪在危難之際，更看重人民的現實利益，放棄自己的「名節」和政治面子，減少人民無謂的丟失生命。

現在臺灣就需要一位像劉禪這樣的「仁君」，而不是像蔡妖女、蘇貞昌說的「打到最後一兵一卒」，這全是政治騙言，戰爭開打他們早跑光了，不管百姓死活。兩岸同文同種，可以和平，不要戰爭，大家好好過日子，這才是臺灣人真正想要的，真正的心聲！

伍、第十六名昏君：元順帝妥懽帖木兒

元至順四年（一三三三年）三月，文宗燕帖木兒病死，妥懽帖木兒繼位，是為元順

帝，元朝最後一個皇帝，命中註定是「亡國之君」。「順帝」是明太祖時所贈謚號，而元朝後裔所給的廟號是「惠宗」，但歷史通稱順帝。他十三歲繼位，到元朝滅亡（一三六八年，即明太祖朱元璋洪武元年），在位三十五年。

亡國之君未必是昏君，但元順帝在歷史上的評論是「荒淫無度、縱情聲色、無心理政」，都是真實，所以稱他是「昏君」是沒錯的。

最荒唐是在宮中玩起了「雙修」。權臣哈麻給順帝引介一位喇嘛叫伽憐真的僧人，對順帝說：「陛下雖尊居萬乘富有四海，不過保有現世而已。人生幾何？當受此秘密大喜樂禪定之法！此法一名雙修法。」

於是元順帝在伽憐真引導下，日夜縱淫。又選美女十六人，垂辮髮，戴佛冠，披瓔珞，穿天衣，作天魔之舞，稱「十六天魔舞」。他一人玩不過癮，把寵幸弄臣都找來一起玩，團體狎嬲，混忘形跡，而號其宮室曰「濟齊烏格依」，即凡事無礙也。

順帝又封一些喇嘛為司徒，或封大元帥，出入宮中全無禁忌，又送他們很多美女，為方便「雙修」。皇帝如是，軍事、政治必然惡化，亡國已是必然。至正二十八年，朱元璋的革命軍完全佔領山東河洛，麾兵北上，順帝倉皇出走，回到他們的老窩，後病歿於應昌（今內蒙古克什克騰旗西北達里諾爾西）。

陸、第十五名昏君：晉武帝司馬炎

晉武帝司馬炎的荒淫程度，在歷史上可能排名第一。他搜羅天下美女約一萬人，收在他的後宮享用，光看這點就足以稱「昏君」。皇帝如此，滿朝必亂，政局必黑，而光養這萬人美女，花的錢可能超過一個步兵師，人民稅重便起義造反。

司馬懿、司馬師和司馬昭父子三人奮鬥一輩子，最終由司馬昭的兒子司馬炎坐享大成果。魏成熙二年（二六五年）十二月，晉王司馬炎廢魏稱帝，是謂晉武帝，改元太始元年。通常開國君王都是有大作為，可惜武帝本人並無才幹，他能成晉代開國君王，全是他父祖輩的餘蔭。他只是一個標準的富二代（或富三代），典型的官僚子弟，深染紈袴氣習，腐化不振之人。

平吳之前，武帝已向民間搜羅美女五千多人，平吳後又收取孫皓後宮五千人，合計後宮就有美女萬人。皇帝如此荒淫，王公諸臣焉得不仿效，人既荒淫，各種貪污腐敗隨之而生。

武帝如此怠荒，政局快速惡化，使得西晉內部很快爆發一連串嚴重巨變，從賈后亂政到八王之亂，以至胡族變亂，使得西晉才五十二年便滅亡。

柒、第十四名昏君：明思宗朱由檢

決定明朝存亡的一場關鍵戰役，是明萬歷四十七年（一六一九年）的薩爾滸會戰，後金努爾哈赤以六萬軍對明楊鎬四十萬大軍，努爾哈赤以「內線作戰」大敗明軍。中外都有大戰略家善用「內線作戰」（如拿破崙），努爾哈赤比拿破崙高明，加上諸多原因，明朝滅亡即在已是必然，明思宗已註定是亡國之君。（本意並非說這場戰役是明朝滅亡主因，亡於流寇才是主因，滿清乘虛而入，主因之外尚有其他遠因，此處不論，可看《明史》。）

明熹宗在天啟七年八月病卒，因無子，傳位給弟弟朱由檢，是為明思宗崇禎皇帝，改元崇禎元年（一六二八年）。崇禎上臺初有大作為，殺魏忠賢及其閹黨，人心為之一快，可惜崇禎也是無才之輩，剛愎自用，感情衝動是他的特色。他在位十七年中，政令無常（也受制於黨爭），更換了五十個宰相，可見政局多亂！尤其誤殺一代忠良袁崇煥，更使抗金之戰不可為，直接導致孔有德、耿仲明、尚可喜等大將投降後金，均被重用再率軍回攻明軍。最後連遼薊經略洪承疇，也兵敗投降滿清，時崇禎十五年，再一年多李自成攻陷北京。

崇禎十七年（一六四四年）三月十七日，李自成大軍環攻北京九門，次日城陷。崇禎帝知大勢已去，於十九日晨天色甫明，帝親自到前殿鳴鐘召集百官，竟無一人。帝廢然回到南宮，登萬壽山壽皇亭，與太監王承恩相對自縊而死。在帝衣襟上寫下遺詔曰：

> 朕自登極十七年，逆賊直逼京師，雖朕諒德藐躬，上干天咎，然皆諸臣誤朕。朕死無面目見祖宗於地下，去朕冠冕，以髮覆面，任賊分裂朕尸，勿傷死百姓一人！

在這場變亂中，王公貴族、公主王子、諸臣宮人，死了很多，史稱「甲申之變」。總結明思宗是不是昏君？史家都以「殉國」稱之，能殉國之人，就不能說是昏君，他的「昏」，是智慧不足，才能不夠，看不清狀況，就不能下「正確的決心」。能到最後關頭，還牽掛百姓曰「任賊分裂朕尸，勿傷死百姓一人」，筆者把他從「昏君名單」中提出。不是昏君，依然是亡國之君！無才懦弱之君！

捌、第十三名昏君：唐玄宗李隆基

白居易〈長恨歌〉：「漢皇重色思傾國，御宇多年求不得，楊家有女初長成，養在深閨人未識。天生麗質難自棄，一朝選在君王側，回眸一笑百媚生，六宮粉黛無顏色。」已為唐玄宗定位，重色傾國就是昏君。

玄宗從開元元年（七一三年），到天寶十五年（七五六年），在位四十三年。他的前期勵精圖治，後期怠逸縱情，搞出「安史之亂」，前後判若兩人，前為明君，晚成昏君。史家論安史之亂（又叫天寶之亂）約有五個原因：（一）玄宗的晏逸與正氣的消沈、（二）李林甫的亂政與高力士當權、（三）楊貴妃的承寵與朝廷的聚斂、（四）楊國忠繼李林甫更奸佞為禍、（五）安祿山掌軍太多出現野心。當然還有別因，如經武則天、韋后、太平公主、安樂公主等亂政後，吏治紊亂，官員無廉恥，社會不安等，如今之臺灣。

問題多多，僅就「重色傾國」略說。玄宗初寵元獻楊皇后，繼寵愛武惠妃，後楊武二人先後去世。玄宗環顧後宮佳麗沒一個喜歡，乃令高力士潛訪外宮，得知壽王李瑁之妃絕美。於是，先令她出家，號太真，再納入宮中，冊封為貴妃。從此楊貴妃的親友雞犬都「升天」了，她大姊封韓國夫人，二姊封虢國夫人，三姊封秦國夫人，從祖兄楊國忠權傾朝野。

玄宗有了楊貴妃，從此君王不早朝，不理政事，又大規模從事聚歛揮霍。楊國忠驕狂，對百官頤指氣使，在政府中培養一批奴才（如今之臺灣），政治快速惡化，安祿山造反大半是楊國忠激成。

天寶十五年（七五六年）六月十三日（乙未）黎明，玄宗從長安宮城倉皇出亡幸蜀（身為領導者不該臨陣逃走）。護衛禁軍走到「馬嵬驛」時，統率將軍陳玄禮使意士兵殺死楊國忠，迫玄宗賜死楊貴妃，接著隨行楊氏三姊妹皆被殺，史稱「馬嵬之變」。

安史之亂雖被平定，唐朝也由此漸漸走向衰落，無疑的玄宗是最直接的罪人，他能有為而不為，給百姓帶來無窮災難。也有人歸罪於女人，這樣說不合理，也太過偏見。所以筆者維持白居易「原判」，唐玄宗就是昏君。

玖、第十二名昏君：晉惠帝司馬衷

太熙元年（二九〇年），西晉武帝司馬炎去逝，太子衷繼位，是為晉惠帝司馬衷。歷史上對惠帝評論說「愚昧闇弱」。他老子司馬炎已是昏君，他也差不多，他老子死時西晉已是殘局，他無能無力收拾。當時已是天下荒亂，很多百姓餓死，有近臣向他說，他竟問：「那他們為什麼不吃肉呢？」可見其昏庸，接近連常識都沒有！

這樣的人當皇帝，皇權註定不在皇帝手上。於是，權臣慘烈的鬥爭造成許多人禍、皇后賈氏專政悍妒淫蕩、八王之亂使中國版圖再陷殘破、胡人變亂加速西晉滅亡。光熙元年（三〇六年）十一月，惠帝死，在位十六年，又拖了十年，西晉滅亡。亡國原因很多，此處僅略說皇后的專政淫蕩如何可怕！身為老公又是皇帝司馬衷，完全無力去「管一管」自己的老婆，可見其昏弱！

皇后賈氏名南風，生性悍妒荒淫，頗有才具，又有權力野心，誅殺反對勢力多達數千人。連太子遹也被她廢殺，引發一連串政治風暴。

原來太子遹是惠帝妃謝淑媛所生，因皇后賈氏無子，得立為太子，但賈后嫉忌。於是賈后啟動她的黑暗勢力，誣陷太子謀反，要惠帝賜太子死，賴近臣張華、裴頠力勸，暫廢為庶人，但乃母難逃一死。

太子無罪被廢，群情憤怒。趙王倫（司馬懿子）以為有機可乘，便用心腹孫秀之計，挑撥賈后早日除去太子，以為事後起兵藉口。永康元年（三〇〇年）三月，賈后使人毒殺太子遹死。次月，趙王倫遣齊王冏（齊王攸之子）起兵討伐皇后，率兵入宮，殺張華和裴頠等所有賈后黨羽，不久又賜死賈后，大權又落趙王倫。

趙王倫大權在握，迫惠帝禪位，自立為帝，又引來諸王攻殺，不得已迎惠帝復位。但諸王終要拼個高下，決定誰才是第一大王，惠帝就在這亂局中被人玩弄，最終也被毒死。可憐的惠帝！不忍說他是昏君！但不是昏君又是什麼呢？

拾、第十一名昏君：秦二世嬴胡亥

秦朝是我國最短的一朝，也是最長的一朝，短短十五年，但秦所建立的制度（中央集權大一統、郡縣鄉里制），成為中國數千年定規；而「書同文、車同軌」制更有利於維持統一局面。若無這套思想、制度凝聚，今日中國是「不存在」的，老早亡了！如今之歐洲，會分裂成最少四十多個國家。

關於秦代的研究已有很多，現僅針對胡亥是不是昏君來看。胡亥，生於秦王政十八年（前二二九年），在位第三年（前二〇七年）被趙高弒害，死時才二十三歲。古今中外，像趙高這樣邪惡可怕的權臣應是不多！

秦始皇在位第三十七年，最後一次東巡，行至平原津（今山東平原）積勞發病，七月死於沙丘（河北平鄉縣）。時公子胡亥、丞相李斯與宦官趙高都同隨東巡，始皇臨終命趙高作遺書詔長子扶蘇「與喪會咸陽而葬」，趙高一向與將軍蒙田、公子扶蘇不睦，恐扶蘇即位於己不利。遂與李斯密謀假傳詔書，捏個罪名賜死扶蘇、蒙田，史稱「沙丘之變」。

趙高、李斯回到咸陽，即奉公子胡亥為帝，是為秦二世皇帝（時胡亥二十一歲，胡亥元年，前二〇九年）。事變引起朝廷內外不安，一時風風雨雨，趙高恐引起動亂，勸二世以殺立威，用恐怖手段鎮壓反動。一連殺了十二個公子、十個公主，一時人人戰慄。此時劉邦、項羽及各方勢力，已起兵反秦。

趙高為獨享大權，向二世讒言，將李斯下獄處死，趙高繼任丞相，大權獨攬；為清除所有和自己想法的人，他用「指鹿為馬」之計，劫持整個朝廷（這招和現在臺獨偽政權的統治思維一樣，蔡英文應是趙高轉世）。

當秦兵大敗於鉅鹿，劉邦攻入武關，二世得訊，責問趙高。趙高怕對己不利，便叫他女婿咸陽令閻樂，率兵士以捕盜為名，闖入望夷宮中，將二世胡亥殺死。時胡亥三年八月，趙高立二世的姪兒子嬰為秦王，九月子嬰殺死趙高。但一切都不可挽回了，次年（前二〇六年）十月，子嬰向劉邦投降。

按前述略說，胡亥確是昏君，但有幾點是可原諒的。（一）他從頭到尾都被權臣控制著，沒有自己的勢力和人馬；（二）即位時二十一歲，又在深宮中長大，沒有政治敏銳度；（三）重要是他沒有實權，就如漢獻帝一樣被權臣玩弄在手，沒有權力不需負「昏君」之責。

「沒有權力不需負責」是現代政治學理論，如內閣虛君制（英國女王、倭國倭皇），象徵性元首不負責政治責任。因此，有句名言說「王永遠沒有錯」，一切對錯都由掌控實權的首相負責。但不能以現代理論解釋古代問題，僅就事進行常理常情分析，稱胡亥「可原諒的昏君」。若胡亥是昏君，漢獻帝應也是！讀者以為呢？

拾壹、第十名昏君：漢靈帝劉宏

漢靈帝劉宏十二歲即位為帝，時建寧元年（一六八年），中平六年（一八九年）四月崩，在位二十二年。他接手的也是大漢殘局，皇帝年幼，註定外戚必亂，加上「黨錮之獄」宦官弄權、黃巾民變，天下已不可為！

天下雖不可為，看皇帝有何作為？靈帝生母董氏，居永樂宮稱永樂太后，她生性極貪，鼓勵靈帝聚斂。在內宛西園特設「賣官署」，各種官位都有定價，靈帝又大興土木，縱情聲色。如是，政局百病俱生（如今之臺灣），這是政治黑暗、社會糜爛的時代，大漢即將打烊之前期，苦的是百姓眾生。

靈帝唯宦官之言是聽，有十二宦官最寵：夏惲、郭勝、孫璋、畢嵐、栗嵩、段珪、高望、張恭、韓悝、宋典、張讓、趙忠。十二人中張讓和趙忠最得寵，也最得勢，靈帝常道：「張常侍是我公，趙常侍是我母。」史書上略數稱「十常侍之亂」。

正當天下大亂之際，靈帝只顧玩樂，大建宮室，在西園弄狗，每隻狗都有官爵。中平六年，靈帝去世，毫無疑問，他是十足不可原諒的昏君。

拾貳、第九名昏君：明神宗朱翊鈞

明神宗以幼主臨朝，由宰相張居正輔政。吾國近代史學家梁任公評張居正為中國六大政治家之一。張居正幾可和管仲、諸葛亮同等級的「名相」，有這種人才當宰相，明朝當時就有一番中興氣象。但這僅維持在神宗尚未親政的十年，神宗親政開始，明朝政局瞬間逆轉，快速惡化，史家曾言「明朝之亡始自神宗」。

原來張居正治國有如臺灣以前的「蔣經國時代」，啟用人才、嚴伸法紀，建立廉能政治，那些奸佞阿諛及貪官污吏自然沒有機會。萬曆十年（一五八二年）六月，張居正病逝，賜諡「忠正」，極備哀榮。

張居正死後不久，那些只會奸佞阿諛搞錢之輩見機會來了，極思翻身，開始讒言張居正，神宗竟都聽信，進而抄沒張居正家產，諸子拿辦充軍。那些被張居正斥逐之奸佞，如吳中行、趙用賢、艾穆、沈思孝等，瞬間都復官，佔上高位，由此而啟動滅亡的開始。這情形多麼像蔣經國一死，臺獨偽政權奸佞全都上臺了，從萬曆十年到滅亡有六十二年，臺灣會更快（被統一）。

當然明朝滅亡有很多原因，不能詳述。明神宗翊鈞萬歷元年（一五七三年），萬歷四十八年（一六二〇年）七月崩。歷史上多所評述，他沒有才智，一介昏庸之主，數十不理朝政，一身「酒色財氣」四大病，任由錦衣衛橫行。他長年不視朝、不御講筵、不親郊廟、不批答政事……任由大明走向滅亡，實在是昏君。

但明神宗做過一件對中國很大貢獻的事，也要公平讚頌。萬歷二十年（一五九二年），倭國豐臣秀吉發大軍侵略朝鮮國（明之屬國），最終目標是中國（日本第一次亡華之戰）。大明朝廷和戰爭議多時，神宗最終主戰，派四十萬大軍打了七年戰爭，挽救朝鮮國，也保住中國的戰略前緣。但因此戰耗損大量國力，滿清隨後崛起，大明無力應付，只好改朝換代了，這是中國自然更替的政治制度，幾千年來都這樣，一代死、一代生，而中國永在！也永遠保持年輕有為的活力。

拾參、第八名昏君：周幽王姬涅

好像所有的昏君必然和寵愛某個女人有關。周宣王四十六年（前七八二年）崩，子姬涅繼位，周幽王元年（前七八一年）。幽王也是昏庸之輩，寵愛褒姒。褒姒勾結朝中鄉士，侵占人民土地、干涉司法，為非作惡，加上內亂外患，陷西周於危亡。

幽王十一年（前七七一年），幽王廢原來的申后和太子宜臼，立褒姒為王后。太子宜臼逃到外舅家申國求援，申國國君申侯聯合繒國和西方犬戎攻打周的京畿，幽王被殺於酈山下，西周就此滅亡。

幽王昏庸荒淫給人民帶來許多苦難，《詩經．大雅》篇章中〈瞻卬〉、〈召旻〉與〈小雅〉中的〈節南山〉、〈正月〉、〈十月之交〉、〈雨無正〉、〈小旻〉、〈小弁〉、〈巧言〉、〈巷伯〉、〈谷風〉等四十一篇，都在寫幽王的昏淫時政。讀〈十月之交〉：

十月之交，朔月辛卯，日有食之，亦孔之醜。
彼月而微，此日而微，今此下民，亦孔之哀。

日月告凶，不用其行，四國無政，不用其良。
彼月而食，則維其長，此日而食，于何不臧？
爆爆震電，不寧不令，百川沸騰，山冢崒崩。
高岸為谷，深谷為陵，哀今之人，胡憯莫懲？
皇父卿士，番維司徒，家伯冢宰，仲允善夫。
棸子內史，蹶維趣馬，楀維師氏，艷妻煽方處。
抑此皇父，豈曰不時，胡為我作，不即我謀？
徹我牆屋，田卒汙萊，曰予不戕，禮則然矣。
皇父孔聖，作都于向，擇三有事，亶侯多藏。
不慭遺一老，俾守我王，擇有車馬，以居徂向。
黽勉從事，不敢告勞，無罪無辜，讒口囂囂。
下民之孽，匪降自天，噂沓背憎，職競由人。
悠悠我里，亦孔之痗，四方有羨，我獨居夏。
民莫不逸，我獨不敢休，天命不徹，
我不敢傚我友自逸。

昏君污吏，漢奸賣國，就是要用文字記下，留在歷史長河，叫千秋中華子民痛罵千年，詛咒萬年，謂之遺臭萬年。為什麼筆者要在百冊著作中，從各方面記下臺獨偽政權這些妖女男魔，如何禍國殃民？寫本文時，新寇病毒在臺灣擴散成「妖女病毒」，拒用大陸疫苗，心態多麼邪惡，領導的妖女比幽王昏庸荒淫。這首〈十月之交〉，用現代語言略譯：

十月初一這天，突然日蝕，是不是又有人禍？
可憐百姓，痛苦悲哀何時了！
天顯惡兆，警示國家領導不走正道
忠良不用，奸佞居高位，哪有善政！
天災人禍這麼多，政治人物尚不覺醒！
貪官污吏毀了百姓的房產良田
就說國家需要，沒別的理由
不同意見的人都被陷害，突遭災殃

這是統治者的走狗幹的好事
在上位的都不走正道，天災人禍沒完沒了
看那當官的每天吃香喝辣
這是在吃人民的肉，喝百姓的血
四海之內的人民，誰能活的快樂？

這是西周幽王時代的政局和社會狀況，人民沒有一天快樂的日子，天災人禍沒完沒了。說天災並非天災，而是人禍引起。如今之臺灣，妖女領導非要當美帝倭國的走狗一味抗中，一味去中國化，這實在是人禍。從未有人類歷史出現這麼下賤的貨，筆之於書，使她遺臭萬年，受中華子民千秋詛咒！

拾肆、第七名昏君：宋高宗趙構

宋高宗趙構就是典型的昏君，本文已不必贅言，他不點頭同意，秦檜「莫須有」判不了岳飛死刑。所以岳飛之死，趙構是背後主謀，秦檜只是執行者，但自古以來，無緣由的殺害忠良，就是昏君大奸臣，無疑義。

筆者曾到杭州參拜岳廟，莊嚴雄偉的大殿裡，端坐著全身戎裝的岳飛塑像，上方懸掛著匾額，刻著岳飛親筆寫的「還我河山」四個大字，使人肅然起敬。在岳墓門對面，放著用生鐵澆鑄的四個人，秦檜、王氏、萬俟卨和張俊四個跪像，反映人民對民族英雄的景仰，對奸臣和出賣良心者的憎恨。

萬俟卨是當時的監察御史，王氏是秦檜老婆，張俊也是軍事將領，他們深知皇帝心意，配合秦檜一起創作，給岳飛平白生出一堆必死的罪名。世間真有如此險惡之人，為私利為權力，可以無惡不做；想想現在的臺灣，搞臺獨這些人，是不是從宋高宗朝廷整批轉世而來？

拾伍、第六名昏君：明太祖朱元璋

明朝開國之初，史學家當稱明初為「漢人復興時期」，此期間也算雄才大略之君，對中華民族很有貢獻。從洪武元年（一三六八年）定都金陵，到洪武十五年，中國本土完全統一，兵強馬壯，國家威勢遠勝宋室。

一個革命性的開國君主，能夠短期間內平定各反對勢力，建國垂統，要俱備三種條件（智慧）：（一）收攬民心、撥亂反正、（二）爭取人才、團結文武、（三）建立制度、勵精圖治。此三者又相互關連，相互為用。朱元璋以一孤苦無依的流浪兒，奮起於最底層之草莽，領導各方反元組織，推翻大元帝國，統一宇內，絕非偶然。

他有許多地方很像漢高祖劉邦。張良曾說：「沛公乃天授也！」意識說，劉邦先天就有超人的政治智慧。朱元璋也是，他在這三方面都有非常智慧和手段，才能正確判斷大勢，做出正確的決心，一切作為才能配合革命情勢，而獲致成功，創造了「明初盛世」。

朱元璋被後世痛批是他進行「恐怖統治」。因為他起自民間，知民生疾苦，所以最痛恨貪官污吏，他對百姓仁愛，對官吏殘暴。明朝律法極為殘酷，他的兩種制度為害甚大：一是建置錦衣衛，一是恢復廷杖，許多大臣死於廷杖之下。

朱元璋大興文字獄、殺戮功臣，其四大獄（空印案、郭桓案、胡惟庸案、藍玉案），每案都誅族數萬人。總的來看明太祖，初有盛世氣象，但他是心胸狹隘之君，極權專制的君主，利用皇權進行恐怖統治，超越昏君。

拾陸、第五名昏君：隋煬帝楊廣

隋朝是我國第二短命的朝代，兩代三十七年而亡。但第一代的隋文帝從開皇元年（五八一年）廢主稱帝，開皇九年統一中國，到仁壽四年（六〇四年）七月，被兒子楊廣所弒，他在位二十四年。此期間，他內外積極建設，開疆拓土，國勢日盛，史稱「開皇之治」，似乎給中華民族帶來新曙光。

可惜兒子殺了老爸和哥哥，他是無才又好大喜功，殘暴不仁，荒淫無度之君，隋朝在文帝所建一時之榮景，數年之間就被玩垮了。隋煬帝楊廣於大業十四年（六一八年）春三月，被部下殺死於江都。他是暴君，也是昏君，歷史早有定論，幹過的壞事，白紙黑字寫在各種史書，本文不再贅言。

拾柒、第四名昏君：夏桀王姒履癸

夏朝是大禹在帝舜去世後，得到諸侯擁護於西元前二一八三年繼立為天子。到西元前一七五二年桀亡，共十七代，四百三十二年。

夏朝傳到第十四代君主孔甲，淫亂無度，諸侯紛紛叛離，中樞權力紛散，之後三傳到履癸，履癸先都斟鄩，後都河南（禹縣）。姒履癸就是夏桀，也是歷史定論的暴君、昏君，種種無道，荒淫奢侈。

夏桀寵愛有施氏之女妹喜，又寵愛岷山氏二女琬、琰。又大造宮室瑤臺，作酒池肉林，殺忠臣關龍逢。太史令終古哭諫夏桀，夏桀不聽，終古亡奔商。

正當夏桀無道之際，東方的商人（今安徽亳縣到河南商邱一帶），早已逐漸壯大，到商湯時，諸侯多叛桀而歸商湯。商湯一面派伊尹到夏進行反間工作，一面向西推進，征葛（今河南寧陵縣北）、伐昆吾（河南許昌一帶），迫使夏桀退走晉南汾水下游。

就在夏桀在位第五十三年（前一七五一年），商湯率諸侯大軍由陑（今山西風陵渡）登岸，與桀在鳴條（今山西安邑）決戰，結果桀軍大敗南逃，在焦門（今河南陝縣南）

為湯所俘，放逐於南巢（今安徽巢縣），夏亡，史稱「商湯革命」。

拾捌、第三名昏君：商紂王子受辛

從商湯於西元前一七五一年，放桀於南巢，到西元前一一一一年，周武王伐紂，大敗紂軍於牧野，紂王自焚死，殷商亡。經三十代六百四十年，是吾國歷史上，僅次於周朝的朝代。

這六百多年中間有多次興衰起落，最後幾代都不行。帝辛紂王是在西元前一一七四年即位，此時的殷朝內外環境狀況有三。第一是自武乙之後，殷政又衰，武乙亦無道，四方諸侯對殷的信仰已經動搖，西方周人興起已對殷商有威脅。第二是紂王好打仗，窮兵黷武，奴役殘殺很慘，人民不勝負擔（和隋煬帝同）、民怨日深。第三是紂王自己荒淫無道，寵愛蘇氏之女妲己，唯妲己之言是聽。所以政治荒亂。

紂王以西伯昌、九侯、鄂侯為三公。九侯有女甚美，納為紂王妃，得罪了紂王，紂王殺死妃，又把九侯剁成肉醬。鄂侯力爭，他殺了鄂侯做成肉乾；西伯聞之而嘆！被囚禁七年。

紂王有叔父箕子、比干和庶兄微子啟也常不顧性命，屢勸紂王。紂王不聽，箕子發瘋出逃；比干忠心耿耿，當時百姓尊為聖人，紂王對他說：「吾聞聖人心有七竅，我倒要看你的心是不是有七竅。」將比干剖心而死。這箕子、微子和比干乃殷之三仁，所謂「三仁去而殷亡」。

紂王是昏君，也是殘暴之君。商能立國數百年，表示政治資本（制度、人才）雄厚，也經不住一再倒行逆施，當賢能人才走的走、死的死，只剩諂諛小人包圍著紂王，這種政權很快滅亡。寫到這裡，也看著新寇病毒每天死一堆人，蔡妖女領導的臺獨偽政權，完全沒有作為，抗拒大陸善意要送疫苗，就是一群奸佞小人包圍著一個「女紂王」，這種政權不顧人民死活，必會受到歷史清算。

拾玖、第二名昏君：秦始皇嬴政

由於政治宣傳的洗腦作用，現代中國人普遍認為秦始皇是昏君或暴君，他的功過也有很多論述，本文不詳述。秦始皇是歷史上少有的雄才大略皇帝，中國歷史上的皇帝中，無一能和他的豐功偉業相提並論。但「雄才大略」的背後，註定要死很多人，從古埃及帝王、亞歷山大帝、拿破崙等皆如是。

秦始皇也是一位「夙興夜寐」、「不懈於治」的君主，國事無論大小都要親自裁決。統一後，五年巡行在外，平定反抗勢力，進而南征五嶺閩越，北逐匈奴，消耗軍需和死傷人民很多。此外，築長城、修馳道、開運河、建宮殿．．．過分使役民力，使人民痛苦不堪。

秦朝也是吾國唯一厲行法家思想（制度）的朝代。法家制度極為無情，法家思想到李斯過於極端，完全不顧人情，不講仁義。這些完全違反了中國從堯舜到孔孟的「仁治」思想，也加速秦的滅亡。當然，若無趙高這種可怕的人物，大秦或許可以晚些崩解，歷史不能重來。

總的來看秦始皇，筆者以為他不是昏君，他一點都不「昏」，說暴君比較合於事實。始皇三十六年（前二一一年），陳郡（今冀南魯西一帶）落下一顆隕石，人民在隕石上刻上「始皇帝死而地方」七字，始皇知道後，把附近居民全殺了。過二年，陳勝、吳廣揭竿而起，帶動六國群雄全都「活」了過來！

貳拾、第一名昏君：臺獨僞政權陳水扁

十足昏君，又用作弊搞「三一九兩顆子彈」，就讓良心和歷史批判，筆者不想浪費心思在這種炎黃敗類身上。何況臺獨偽政權末日也到了，證明這敗類說過的一句話，「臺獨做不到，就是做不到！」算他說對一句話。

總結

「孔明七擒七縱孟獲」，是所有中國人都知道的史事。有個朋友在寮國、柬埔塞住了二十年，回到臺灣，把酒高談八卦之際，說「孟獲七擒七縱孔明」，一時大家突然嚴肅起來說他顛倒歷史。經他慎重解釋，原來那裡的歷史書就這寫的，大家驚訝！

或許這世界也沒有四海共認的「歷史事實」，西方史學者說「所有的歷史都是現代史」，意即說以前是以前，都按現在所「需要」的解釋。於是，美國開國時期包含華盛頓、傑佛遜（Thomas Jefferson）在內的大人物，幾全都在販賣黑奴，雙手沾滿黑人的血，之後為了「現在」政治需要，全都被宣傳成「英雄」。現在有幾個美國鬼子知道，他們的「先聖先賢」都是人口販子，還曾大屠殺數百萬原住民，北美印第安人險些絕種。

白人剛登陸澳洲時，對土著也進行大屠殺，實在殺不完，為改變原住民信仰，將數十萬原住民孩童分發到白人家庭，強迫改信基督教。成人不信基督教全部屠殺，這種事在全球白人世界不斷發生，現在白人高談「人權、自由、民主」！

看看小日本鬼子，「朝鮮大屠殺」、「南京大屠殺」、「旅順大屠殺」、「臺灣原住民大屠殺」．．．明明是他們祖輩幹的；不光如此，他們祖輩都是強姦犯，多少亞洲女人被他們姦殺。後來全都不承認，用政治宣傳清洗人民的腦袋，現在年輕一代小日本鬼子，有幾人知道他們前輩的惡行。

類似的事情，發生在全世界所有發生過的歷史事件，同一件事有不同程度的解釋。夏桀、周紂、秦王、隋煬帝等，是昏君嗎?筆者並非唯一的解釋，有主流、有支流，沒有定論，也永遠沒有百分百的真相或真理！

附錄：網路排名中國歷史昏君（含地方割據政權）

第二十名：南唐後主（李煜）

文學史上偉大的詞人，但不是一個能幹的君主，他篤信佛教，一生中都投入於文學創作，他堅決不肯對外作戰，將他的將軍建議一律否定，導致亡國。

第十九名：清乾隆皇帝（愛新覺羅弘　曆）

好大喜功，寵信大貪官和珅，征伐緬甸損失十多萬人，下江南五次每次都去找女人，浪費國力，整個大清王朝亦在乾隆末期由盛轉衰。

第十八名：宋徽宗（趙佶）

歷史上有名的書法&畫家，在宋徽宗統治時代，輕佻治國，大興土木以滿足他的享受，倦於政事，加上官僚集團趁機大發橫財，把北宋江山斷送給北方的金。在位期間被金國人擄走，稱「靖康之難」。

第十七名：蜀漢後主（劉禪）

寵信宦官黃皓，被玩弄於股掌，整天嬉戲荒廢朝政，聽信奸臣饞言召回遠征在外的蜀相諸葛亮，致使匡復漢室大業功虧一簣。後來被北魏司馬家族所滅。

第十六名：元順帝

不理朝政，種族歧視漢人，後期怠於政事荒於游宴，學「行房中運氣之術」，加上國內發生通貨膨脹，黃河水災頻繁，最後，終被朱元璋大軍所敗，病逝於應昌。

第十五名：晉武帝（司馬炎）

罷廢州郡武裝、大肆分封宗室與無法處理少數民族內遷問題，種下後八王之亂與永嘉之禍的遠因。晉武帝長期縱慾過度，晚年只知道享受性愛，「極意聲色，遂至成疾」，死於含章殿，葬於峻陽陵。

第十四名：明思宗（崇禎）

性格剛愎自用，生性多疑，殘害愛國良將袁崇煥，對待閣臣刻薄嚴峻，昏庸懦弱，崇禎十七年，李自成軍攻陷北京，崇禎帝自縊殉國。

第十三名：唐玄宗（李隆基）

唐玄宗晚年因為驕奢淫逸，終日只顧與楊貴妃玩樂。楊貴妃原為他的兒子壽王李瑁的妃子，但玄宗竟不顧禮教，把她納為自己的妃子。他罷免良相張九齡，任用奸臣李林甫，朝政每下愈況。又寵愛楊貴妃之兄長楊國忠，聽信宦官高力士的讒言，天寶十四載（755年）爆發「安史之亂」。

第十二名：晉惠帝（司馬衷）

惠帝在位期間，既有外戚弄權，又有奸臣當道，終引起了「八王之亂」及「五胡亂華」，晉惠帝執政時，天災人禍不斷，很多百姓沒飯吃，活活餓死。惠帝聽見臣下報告這件事，同情之餘也大惑不解，問道：「何不食肉糜？」，意即那些飢民沒飯吃，為什麼不用碎肉煮粥來吃呢？惠帝這句智障話語，遂成為後世恥笑的千古名言。千百年後的公元二千年，「陳水扁偽政權」執政時，「第一夫人」吳淑珍也有如是說法，其夫君成為第一名大昏君。

第十一名：秦二世（嬴胡亥）

寵信宦官趙高，不上朝，左丞相李斯與右丞相馮去疾、大將軍馮劫上書請求停止修建阿房宮，減輕各種苛捐雜稅。二世聽信趙高讒言誅殺李斯，迫使馮去疾和馮劫自殺。趙高與其婿咸陽令閻樂合謀，逼胡亥自殺於望夷宮。

第十名：漢靈帝（劉宏）

漢靈帝即位後，漢王朝政治已經十分腐敗了，天下旱災、水災、蝗災等災禍，四處怨聲載道，百姓民不聊生，國勢進一步衰落，又寵信宦官，誅殺大臣，在位期間發生「黨錮之禍」，「黃巾之亂」。

第九名：明神宗（朱翊鈞）

三十年從未上朝開會，一生只開過一次國家會議，只說一句話，荒廢朝政，並廣搜民脂民膏，派宦官到處搜索珠寶，以勘礦開礦為名廣搜民財，導致民憤紛起怨聲載道，史書道：「明之亡，亡於神宗」。

第八名：周幽王

沉湎酒色，不理國事，廢申后而立褒姒，以『烽火戲諸侯』來搏取褒姒一笑。褒姒生子伯服，幽王為了討好她，竟廢嫡立庶，將原來的皇后申侯女及太子宜臼廢了，以褒姒為后，立伯服為太子結果申后帶其子出奔至外家申國，申后父申侯乃起而反抗幽王。

第七名：宋高宗（趙構）

聽信秦檜之言害死岳飛，錯失復國良機。為了滿足完顏宗弼為《紹興和議》所設的前提，以防止岳飛的十萬岳家軍攻入黃河以北，趙構和秦檜以稱臣賠款，割讓被岳飛收復的唐州、鄧州以及商州、秦州的大半為代價，簽定紹興和議。

第六名：明太祖（朱元璋）

他大興冤獄，誅殺功臣，設立錦衣衛對官民實行殘暴的專制統治，廢除丞相制，抑制賢能的輔佐，興文字獄，發明許多酷刑，廷杖文人，使權臣和宦官更容易控制政權，導致明末宦官專權，民亂紛起。

第五名：隋煬帝（楊廣）

楊堅的次子。荒淫奢侈，急功好利，殘酷猜忌，誅殺兄長，弒父娶母，開鑿運河，三征朝鮮，國力大傷，賦役繁苛，終激亂敗國，為宇文化及弒於江都。亡國。諡煬。

第四名：夏桀王（姒履癸）

姒履癸把所有的聰明才智都用到暴虐和享樂上，他把皇宮改建得更豪華，寵愛胡喜妹，他發明一種酷刑，稱為「炮烙」。誅殺朝中多位大臣，殘害百姓，導致亡國。

第三名：商紂王（子受辛）

寵愛蘇妲己，誅殺朝中大臣，殘害百姓，導致亡國。紂王的性子，非常殘酷暴虐；

僅僅為了一時的不高興，或者一時的高興，他就可以任意殺人。紂王怕人民說他的壞話，設計了許多殘酷的刑罰，來懲罰那些批評他的人民和勸告他的大臣。紂王的行為，幾乎是夏桀的翻版，不但故事相同，手段也相似，下場更是沒有兩樣，最後都是弄得家破國亡。

第二名：秦始皇（嬴政）

箝制思想，焚書坑儒：接受李斯的建議，除了《秦史》農業、卜筮和醫藥的書籍外，下令將所有史書一律燒燬，全國百姓和士人私自收藏的經書和諸子百家的典籍，也全部由官府統一燒燬。

徵斂無度，賦稅奇重：為了維持龐大的軍費開支與工程建設，滿足窮奢極慾之生活，秦始皇不惜對民眾課以重稅。

好大喜功，濫用民力：秦始皇急功近利、不恤民情，連年大興土木，四處征戰，內則修馳道、開靈渠、築長城，外則伐匈奴、征百越，每項工程或每次征戰，均須役使浩大之民力。

嚴刑峻法，民怨鼎沸：秦自商鞅變法以來，法令即十分嚴苛，一人死罪誅及三族，一家犯法鄰里連坐，百姓動輒被罰充苦役或慘遭酷刑。到秦始皇時，更一味『專任獄吏』把嚴刑峻法推至顛峰。

第一名：陳水扁

性情剛愎自用、急功好利，誑語成習、貪而無厭，…短短八年罷黜七位丞相，內舉不避親外舉不避嫌，大肆延攬無才無德之親信居要職，其妻珍后垂簾聽政，干預國事，圖利財團收賄賣官，太子奢靡成性長期周遊列國封號「安樂侯」。太子妃一句「太超過」足可媲美晉惠帝的「何不食肉糜？」列入中國歷代皇室經典笑話之一。公主驕縱剛烈、憤世嫉俗，駙馬仗勢斂財、視錢如命，此乃得到珍后之真傳。至於朝中皇親國戚、佞臣宦官，貪贓枉法者眾，皆已移交刑部審理判刑，多人鋃鐺入獄身陷囹圄。綜觀扁皇在位八年期間，朝綱不振、國力頹圮，治國無方、玩法弄權，導致百姓生活困苦、民不聊生，昏庸顢頇、無德無能，放眼古今無人能及，禍國殃民、罪狀罄竹難書，史稱「兩顆子彈之亂」。相信你不用猜也知道他就是阿……扁。

第八章 「支那派遣軍總司令」岡村寧次爲何無罪——蔣介石與白團

二戰結束，倭國〈日本〉無條件投降，國際法自然要追訴戰犯刑責。其中甲級戰犯有十四人：東條英機、廣田弘毅、土肥原賢二、松井石根、木村兵太郎、板垣征四郎、武藤章、松岡洋右、永野修身、梅津美治郎、平沼騏一郎、小磯國昭、東鄉茂德、白鳥敏夫。這十四罪犯，一九七八年十月，才被偷偷的合祀在靖國神社中。

戰犯中缺少一個「天大的罪徒」岡村寧次，他從中倭之戰開始，一路幹師團長、軍司令官、方面軍司令官，再到最後的「支那派遣軍總司令」，是中國大地上地位最高的倭人將領。他手染上億中國百姓的鮮血，是天大罪惡之倭人魔頭。但他最後由「中國法官」判「無罪」，震撼神州大地的苦難百姓，震碎了中國人民的心。

岡村寧次為何「無罪」？我一言蔽之曰：「蔣介石須要他。」經由神鬼不覺的政治影響力，使岡村無罪。這些事在密封了半個多世紀後，終於攤在陽光下。本資料按野島剛著、蘆荻譯，《最後的帝國軍人：蔣介石與白團》一書，聯經出版社，二〇一五年元月。

得知東京大審的結果

一九四八年十一月二十五日，東京大審的最終判決結果，傳到了監禁中的岡村這裡。當天，岡村在日記上這樣寫著：

> 我得知了土肥原、板垣等人被處死刑的消息。在我青年時代的同期畢業生中，和我一樣憧憬大陸、攜手一路走來的同志盟友共有四人，其中的土肥原、板垣被處死刑，磯谷和我則被囚禁在大陸的戰犯監獄裡，實在令人感慨萬千。今天我和磯谷對坐，談了談自己的命運觀。

日記中提到的「磯谷」，指的是磯谷廉介。磯谷早在一九四七年七月二十二日就被南京軍事法庭判終身監禁，一九四九年遣返日本。而岡村寧次與國民黨知日派有好，國民黨要員聽取他對於反共作戰的建言。

舉例來說，湯恩伯將軍在一九四八年十二月七日，以「聽取有關長江下游地區防備意見」為由，將岡村邀請到自己的宅邸。當天，岡村在日記上寫著：「我以壯年時期研究過的、關於長江下游地區軍事地理的知識為基礎，陳述了我自己關於『長江該如何防備北敵入侵』的看法。」

當時，國民黨與共產黨間的內戰天平，開始逐漸倒向對國民黨不利的一方。國民政府內部要求與共產黨展開和平談判、並迫使反共強硬派的領袖蔣介石總統下野的聲浪日趨高漲，而共產黨方面也將「蔣介石下野」，當成是展開和平談判的首要條件。

就在新年伊始的一九四九年一月二十二日，北京被共軍攻陷，在嚴酷局面的逼迫下，蔣介石終於表明了辭職下臺之意。他表示，將任命副總統李宗仁為代理總統，並且將之後的事情全權委任給代總統。

岡村在日記中提及李宗仁時，他是這麼寫的：「後者（李）對於我，並不像前者（蔣介石）那般抱持著好意；然而，縱使我遭逢到多舛的命運，那只怕也是無可奈何之事。」

正如岡村感覺到的那樣，隨著國共內戰局勢的惡化，以及國民政府內部的權力結構變動，他自己的命運也已經來到了危險的懸崖邊緣。

岡村救援計畫

國民政府中受蔣介石影響的知日派團體，在與時間賽跑的緊迫情勢下，發動了「救援岡村」的計畫。

現在有一份當時留下，蓋著「極機密」印鑑的國民政府陸軍便箋。

標題是〈處理岡村寧次政策之意見〉

這是一九四八年十一月二十八日，在國民政府國防部召開有關該如何處置岡村的會議時，曹士澂提出的意見書。

「我國最後尚未處理的戰犯，就只剩下岡村寧次一人；然而，值此戰雲密布、共產黨漸趨上風之際，關於岡村的審理，我想陳述以下意見……」以這段話為開場白，曹士澂陸續分析了共產黨之所以企圖以戰犯處置岡村的理由：

中國共產黨不斷散布「岡村以我軍顧問身分指揮徐蚌會戰」的流言，其目的包括了以下三點：

一、在日軍投降的時候，岡村服從中央（筆者註：指國民黨陣營）命令，對抗共黨。
二、進行所謂「國民政府利用戰犯」的政治宣傳。
三、升高人民對於國民政府的不滿。

最後，曹士澂做出結論，提議判處岡村無罪。

在這場會議中，除了代表國防部的曹士澂以外，司法部、外交部、行政院軍法局等單位，也都派出代表出席與會。

在會議席間，認為應判岡村有罪、特別是處死刑或是無期徒刑方為妥當的意見，占代表中的絕大多數。可是，這時曹士澂再次起身，強硬地主張岡村無罪：

岡村寧次在中國的作戰指揮，都是遵循著日本大本營的命令而行。在這段期間，他不只不曾下達虐殺的命令，還曾經嚴令禁止濫殺無辜。岡村並沒有直接參與殺害中國人民，也沒有人這樣告發過他。不只如此，岡村在戰後積極遵從中央政府的命令，不將武器轉交給中共，在終戰處理方面也頗有功勞，不是嗎？

在政治上，也有應當判處岡村無罪的理由。

曹士澂接著又繼續陳述：

眾所周知，岡村一向堅守反共立場，若是將他處以死刑，正好稱了中共的意。相反地，將他釋放回到日本，則是相當有利的決定；岡村必定會感於這份恩義，在日本繼續堅持反共的立場，並且很有可能在將來的反共戰爭中，成為支援中國的一股力量。

「經過這番陳述之後，出席者的意見便全部轉變為支持岡村無罪」，在曹士澂的報告裡，如此描述了當天的會議景象。

產生如此戲劇性變化的決定性關鍵，恐怕就在「政治考量」這一部分。毫無疑問，不論哪位與會者應該都能清楚察覺到，在這當中隱含著蔣介石以及國防部的意向。在這處於戰時狀態的政府之中，假使有人膽敢做出「政治不正確」的判斷，那麼那個人的地位也就岌岌可危了。

會議曾經一度中斷，接著再由擔任戰犯處理委員會主任委員的何應欽將軍重新召開。在會上，曹士澂再度重申了自己的主張；在得到會場眾人的贊同之後，何應欽宣布討論結果，並指示曹士徵撰寫正式的報告書。曹士澂當天就完成了這份報告，並將之上呈給蔣介石裁決。

石美瑜審判長

在上海戰犯法庭負責審理岡村的，是一位叫作石美瑜的法官。

石美瑜，一九〇八年出生於福建省，在司法官考試中，他以第一名成績合格，因此得到了「福建才子」的稱號；從年輕時代開始，他就以優秀的法曹人才之姿，備受眾人矚目。在日軍占領上海期間，他脫離了法庭轉入地下；在終戰之後，他對那些被指為協助日軍的中國人，也就是所謂的「漢奸」，進行了徹底而嚴格的審判，因此聲名鵲起，旋即被拔擢為上海戰犯法庭的審判長。

基於日本軍的殘虐行為，石美瑜對酒井隆、谷壽夫、向井敏明、野田毅[8]等人，陸續下達了包括死刑在內的嚴厲判決。因此，當石美瑜被任命為岡村一案的審判長時，當時的中國社會輿論普遍認為他一定會做出相當嚴厲的判決。

然而，審判的結果卻早已決定了。

岡村的最終審判是在一九四九年一月二十六日展開，於接近中午時分開庭審理。為岡村辯護的共有三名中國律師。在庭上，檢方具體要求對岡村處以死刑。

石：被告對於檢察官的主張，有任何要提出異議之處嗎？

岡：辯護人請求庭上同意發言。

石：辯護人請發言。

錢龍生辯護人：辯論已經終結，我認為岡村寧次應獲判無罪。

石：被告有什麼想說的嗎？

岡：對於本法庭的判決，我毫無異議接受。對於日本兵犯下的罪行所造成眾多中國國民物質以及精神上的損害，我在此深深地致上歉意。另一方面，對於因我的健康問題，而導致審判延遲，諸多困擾之處，也請容我在此一併致歉。

譯　註

谷壽夫，進攻南京的第六師團司令官；向井敏明、野田毅，號稱在南京舉行「百人斬」殺人比賽的日本軍官。這三人皆是被指控為在南京大屠殺中犯下戰爭罪行的戰犯。

接下來是中午休庭，判決將在午後做出結論。這時，石美瑜將陸超、林健鵬、葉在增、張身坤四位法官叫到審判長室，取出了已經蓋上國防部長徐永昌大印，寫著「無罪」兩字的判決書。

我必須坦白告知各位，這起案件已經由高層決定了。我對此無能為力，大家現在就在這份判決書上簽字吧。

室內的空氣一下子凍結了。石美瑜接著又繼續說道：

我很清楚大家的心情，因此也無法勉強各位。只是，在隔壁房間裡，國防部派來的軍法官已經在那邊待命了。就算我們不署名，他們也會立刻接手整起案件，結果還是一樣的——唯一不同的就只是接下來，我們會被全體帶到警備司令部的地下室去而已。

石美瑜講到這裡，所有的法官都默默地拿出筆，在判決書上簽下了自己的名字。

這不是「天之聲」，而是……

再次開庭之後，石美瑜在法庭上，宣布了最後的判決結果：

宣讀主文。被告岡村寧次，無罪。

場內一片譁然，巨大的嘈雜聲淹沒了整個法庭。

被告雖然在民國三十三年十一月二十六日就任中國派遣軍司令官，但是包括長沙、徐州會戰中日軍的暴行、酒井隆在香港的暴行，以及松井石根、谷壽夫在南京大屠殺中的暴行等，皆發生於被告就任之前，與被告並無關係。另一方面，被告在日本投降時遵從中央的命令，引導了百萬日軍放下武器投降。儘管被告在任期間，各地日軍仍有些許的暴行發生，但既然應負責任者都已受到處罰，那麼顯然被告並不需要被認定有連帶關係。基於以上幾點，我們認為被告並無違反戰爭法以及國際公法之處，故此應獲判無罪。

就這樣，作為戰犯被起訴的岡村，極端異常地獲得了無罪判決。

大感意外的歐美各通訊社紛紛拍出緊急電報，法庭內一片騷亂，憤怒的旁聽群眾爭相對審判長發出質問。如前所述，正在和國民黨進行內戰的中國共產黨已經將岡村列為日本人在中國的「頭號戰犯」，聽聞這個消息，他們更是憤怒欲狂，不只發表了責難聲明，還要求重新再審，國內外輿論也是清一色大表反彈。

岡村獲判無罪，於一九四九年二月回到倭國，有GHQ—G2（參謀二處）一位叫利米中校的橫濱港接他。在「有末機關」主持人有末精三，他的著作《政治、軍事與人事》（芙蓉書房，一九八二），記錄一段岡村回國後的情形：

當時我奉副參謀長威洛比少將之命，前來詢問岡村將軍「是否有什麼想要的東西」。岡村將軍看著我，率直地表示：「為了將南下的共軍阻擋在揚子江一線，希望美軍能夠派遣兩個師到華中地區。」翌日，我向威洛比將軍傳達了岡村將軍的意思，不過威洛比將軍表示了拒絕之意：「不管他想聽到什麼樣的答案，總之這件事就到此為止了。」威洛比將軍要我如此轉告岡村將軍，同時帶一箱美軍將官的營養口糧以及少量盤尼西林過去。於是我盡速趕到了若松町第一國立病院，將這些東西放在將軍的枕邊。

據有末說，岡村聽到這個消息之後，在病床上痛苦地長歎道：「難道就沒有拯救蔣介石軍隊的方法了嗎？」

讓人相當感興趣的是有末與岡村間的交集點。有末是陸士出身的陸軍參謀，同時也是戰後仍舊活躍於幕後的舊陸軍相關人員之一。有末先是擔任「涉外委員會委員長」，負責和 GHQ 之間的聯繫，接著又在 G2 的威洛比少將庇護下組織了俗稱「有末機關」的秘密組織。接著他又以幹部身分，加入了後來創辦的「河邊機關」，負責調查舊日本軍人以及日本共產黨的動向。

為什麼 GHQ 會對岡村如此格外地照顧呢？這理由直到現在仍然難以斷定。只是，從舊陸軍的情報軍官們日後曾一度參與岡村策畫的白團組織這點來考量，我們或許可以認定，「GHQ—舊陸軍參謀—岡村—蔣介石」之間的反共連線，在這階段已經隱約發展成形了。

回國之後的岡村因為健康惡化，住進了位於牛込的國立東京第一病院，並且為了白團的成立，和先一步歸國的小笠原清等人展開了相關工作。一九四五年六月二十五日，岡村在病床上寫下了這樣一封給蔣介石的信：

蔣總統中正閣下鈞啟：

因入院養病之故，字跡略顯凌亂，尚請務必見諒。赤浪（筆者註：共產黨）南下之勢甚速，情勢亦愈發嚴峻，然逢此危難之際，足以扭轉乾坤者，除閣下之外再無他人矣。故此，還請您務必珍重自身，繼續朝自我之信念勇往邁進。不才區區亦願抱病協助貴國駐日代表團諸君，以報閣下之恩義。在此謹由衷祝您身體康泰。

六月二十五日　岡村寧次

而在此同時，蔣介石的「密使」也已經在岡村的身邊展開行動；這位密使就是白團幕後的重要推手——曹士澂將軍。

這位曹士澂將軍和鈕先銘少將、陳昭凱上校、王武上校，都是最早和岡村連絡的國民黨「知日派」，他們和岡村都是日本陸軍士校前後期同學。鈕先銘則是戰略家鈕先鍾的兄長，十多年前我編寫大專院校、高中職《國家安全》課程時，曾和陳梅燕教官親訪鈕先鍾先生，後來訪問內容刊在《陸軍學術月刊》，共刊出兩期。

從前面石美瑜審判長說的，「這起案件已經由高層決定了。」「我們不署名」「我們會被全體帶到警備司令部的地下室……」所有法官只好簽字，岡村寧次無罪。

此時此刻的蔣介石，已很類似宋高宗，那些法官若膽敢「抗命」，必被捕下獄，而石美瑜等不是岳飛，只好當「政治工具」了。

寫到此真是萬分感慨，蔣介石是我等老校長，在我軍校生心中何等偉大！現在卻覺得，「老校長，你呼攏我一輩子」，你如何對上億死傷的中國軍民交待？你對民族大義有傷。未來歷史論蔣公一生功過，白團事件必然要扣分吧！你的「以德報怨」也是天大的錯！

白團人員總表

原姓名	中文姓名	舊日本軍階級	經　歷	停留台灣期間	負責科目、職務
富田直亮	白鴻亮	陸軍少將	陸士32期	1949~68	團長
荒武國光	林　光	陸軍大尉	陸軍中野學校	1949~51	團長輔佐、情報
杉田敏三	鄒敏三	海軍大佐	海軍兵學校54期	1949~52	海軍
本鄉健	范　健	陸軍大佐	陸士36期	1949~?	戰史教育
酒井忠雄	鄭　忠	陸軍中佐	陸士42期	1949~64	戰術、情報
河野太郎	陳松生	陸軍少佐	陸士49期	1949~53	空軍戰術
內藤進	曹士達	陸軍中佐	陸士33期	1949~50	空軍
守田正之	曹正之	陸軍大佐	陸士37期	1949~50	教官
藤本治毅	黃治毅	陸軍大佐	陸士34期	1949~50	後勤
坂牛哲	張金先	陸軍中佐	陸士43期	1949~50	砲兵
佐佐木伊吉郎	林吉新	陸軍大佐	陸士33期	1949~52	情報、戰術
鈴木勇雄	王雄民	陸軍大佐	陸士36期	1949~52	空軍
伊井義正	鄭義正	陸軍少佐	陸士49期	1949~52	戰車戰術
酒卷益次郎	謝人春	陸軍少佐	陸士49期	1949~52	砲兵
岩上三郎	李德三	陸軍中佐	陸士43期	1949~51	戰術、演習

岡本覺次郎	溫　星	陸軍大佐	陸士32期	1949~52	通訊
市坂信義	周祖蔭	陸軍中佐	陸士43期	1949~52	海軍
松崎義森	杜　盛	海軍機關中佐	海軍機關學校56期	1950~53	海軍
溝口清直	吳念堯	陸軍少佐	陸士47期	1950~63	登陸戰術
市川治平	何守道	陸軍大佐	陸士37期	1950~53	戰術
堀田正英	趙理達	陸軍大佐	陸士37期	1950~52	高階軍官訓練
萱沼洋	夏葆國	海軍機關少佐	海軍機關學校65期	1950~52	海軍
服部高景	甘勇生	陸軍大佐	陸士36期	1950~52	工兵教育
後藤友三郎	孟　成	陸軍中佐	陸士44期	1950~52	工兵教育
笠原信義	黃聯成	陸軍大佐	陸士36期	1950~52	後勤
野町瑞穗	柯仁勝	陸軍少佐	陸士46期	1950~52	情報
松元秀志	左海興	海軍大佐	海軍兵學校52期	1950~62	海軍
今井秋次郎	鮑必中	海軍中佐	海軍兵學校54期	1951~52	海軍
大塚清	楊　廉	陸軍中佐	陸士40期	1951~52	情報
瀨能醇一	賴達明	陸軍少佐	陸士48期	1951~52	第32師訓練
美濃部浩次	蔡　浩	陸軍少佐	陸士48期	1951~52	第32師訓練
都甲誠一	任俊明	陸軍中佐	陸士42期	1951~52	第32師訓練
春山善良	朱　健	陸軍少佐	陸士48期	1951~52	第32師訓練
新田次郎	閻新良	陸軍少佐	陸士46期	1951~52	第32師訓練
弘光傳	邵　傳	陸軍少佐	陸士49期	1951~52	登陸戰術

固武二郎	曾固武	陸軍少佐	陸士48期	1951~52	第32師訓練
松尾岩雄	馬松榮	陸軍少佐	陸士48期	1951~52	第32師訓練
岩坪博秀	江秀坪	陸軍中佐	陸士42期	1951~68	戰術
糸賀公一	賀公吉	陸軍中佐	陸士44期	1951~68	軍需、動員
大橋策郎	喬本	陸軍中佐	陸士44期	1951~68	戰術
立山一男	楚立三	陸軍少佐	陸士48期	1951~68	戰術
佐藤忠彥	諸葛忠	陸軍中佐	陸士43期	1951~64	戰車戰術
村中德一	孫明	陸軍中佐	陸士45期	1951~64	動員
富田正一郎	徐正昌	陸軍少佐	陸士45期	1951~64	動員
山下耕	易作仁	陸軍中佐	陸士44期	1951~64	戰術、軍制
中島純雄	秦純雄	陸軍少佐	陸士46期	1951~64	戰術
戶梶金次郎	鍾大鈞	陸軍少佐	陸士47期	1951~64	戰術
池田智仁	池步先	陸軍少佐	陸士49期	1951~53	第32師訓練
伊藤常男	常士先	陸軍少佐	陸士47期	1951~53	第32師訓練
福田五郎	彭博山	陸軍少佐	陸士47期	1951~53	空軍教官
山本茂男	林飛	陸軍少佐	陸士49期	1951~53	戰術
中尾拾象	鄧智正	陸軍中佐	陸士42期	1951~53	第32師訓練
井上正規	潘興	陸軍少佐	陸士47期	1951~53	第32師訓練
西村春彥	劉啟勝	海軍中佐	海軍兵學校55期	1951~53	海軍
高橋勝一	桂通海	海軍大佐	海軍兵學校54期	1951~53	海軍

中山幸男	張 幹	陸軍少佐	陸士46期	1951~53	第32師訓練
佐藤正義	齊士善	陸軍少佐	陸士47期	1951~53	第32師訓練
土屋季道	錢明道	陸軍中佐	陸士45期	1951~53	第32師訓練
篠田正治	麥 義	陸軍少佐	陸士47期	1951~53	通訊、動員
川田一郎	蕭通暢	陸軍少佐	陸士47期	1951~53	第32師訓練
村川文男	文奇贊	陸軍少佐	陸士48期	1951~53	情報
小杉義藏	谷憲理	陸軍中佐	陸士40期	1951~53	戰術
黑田彌一郎	關 亮	陸軍中佐	陸士45期	1951~53	第32師訓練
三上憲次	陸南光	陸軍中佐	陸士44期	1951~52	戰術
藤村甚一	丁建正	陸軍中佐	陸士41期	1951~52	第32師訓練
小針通	閔 進	陸軍少佐	陸士48期	1951~52	第32師訓練
大津俊雄	紀軍和	陸軍少佐	陸士47期	1951~52	第32師訓練
進藤太彥	鈕彥士	陸軍中佐	陸士44期	1951~52	第32師訓練
宮瀨蓁	汪 政	陸軍少佐	陸士47期	1951~52	第32師訓練
御手洗正夫	宮成炳	陸軍少佐	陸士49期	1951~52	第32師訓練
村木哲雄	蔡哲雄	陸軍中佐	陸士44期	1951~52	第32師訓練
杉本清士	宋 岳	陸軍少佐	陸士48期	1951~52	第32師訓練
川野剛一	梅新一	陸軍少佐	陸士47期	1951~52	戰術
市川芳人	石 剛	陸軍少佐	陸士46期	1951~52	戰術
神野敏夫	沈 重	陸軍中佐	陸士41期	1951~53	第32師訓練

川田治正	金朝新	陸軍少佐	陸士47期	1951~52	後勤
山藤吉郎	馮運利	陸軍中佐	陸士44期	1951~52	軍官教育
石川賴夫	魯大川	陸軍中佐	陸士44期	1951~53	空軍教官
土肥一夫	屠航遠	海軍中佐	海軍兵學校54期	1951~61	海軍
瀧山和	周名和	陸軍少佐	陸士49期	1951~59	空軍教官
山口盛義	雷振宇	海軍中佐	海軍兵學校54期	1951~62	海軍
山本親雄	帥本源	海軍少將	海軍兵學校46期	1952~53	副團長
小島俊治	阮志誠	陸軍少佐	陸士48期	1952~53	第32師訓練
岡村寧次	甘老師	陸軍大將	陸士16期	東京	富士俱樂部
小笠原清	蕭立元	陸軍少佐	陸士42期	東京	富士俱樂部

＊根據《曹士澂檔案》、岡村寧次同志會名簿記載製作。

相關大事年表

年代	年齡	蔣介石	白團活動	其他大事
一九四五	58	八月，發表「以德報怨」演說。		八月，日本投降。
一九四六	59	七月，國共內戰爆發。		
一九四七	60	二月，二二八事件爆發。		
一九四八	61	四月，當選行憲後第一任總統。		四月，柏林封鎖。 八月，大韓民國成立。 九月，朝鮮民主主義人民共和國成立。
一九四九	62	一月，蔣介石下野，李宗仁代行總統職務。	一月，戰犯法庭判岡村寧次無罪。 五月，曹士澂赴日就任。 六月，根本博偷渡來台。 九月，白團簽署盟約。古寧頭戰役爆發。 十一月，富田直亮抵達台灣，轉赴重慶視察。 十二月，國民政府撤退來台。	五月，德意志聯邦共和國成立。 十月，中華人民共和國、德意志民主共和國成立。

一九五〇	63	二月，美國重新支持蔣介石。 三月，宣布「復行視事」。 五月，於革命實踐研究院圓山軍官訓練團發表演說。	一月，第一批白團成員來台。 二月，籌辦圓山軍官訓練班。 三月，岡村寧次接受GHQ調查。 五月，圓山軍官訓練班第一期學生入學。 年底時白團成員已超過七十人。	二月，中蘇簽訂三億美元貸款。 六月，韓戰爆發，美國第七艦隊巡防台灣海峽。
一九五一	64	四月，蔡斯率領美軍顧問團來台。		七月，韓戰第一次休戰會談。 九月，日本簽署《舊金山和約》。
一九五二	65	一月，主持圓山軍官訓練團第十期畢業典禮。 七月，受到蔡斯壓力，決定變更白團工作之名義。 十一月，主持動員訓練班第一期結業典禮。	六月，根本博返日。 七月，圓山軍官訓練團解散。白團成員刪減三十六人。 八月，創立石牌實踐學社。開辦國防部動員幹部訓練班。	一月，韓國劃定「李承晚線」，此為單方面認定的中日韓疆界線。 四月，締結《中日和平條約》。
一九五三	66	一月，蔡斯質疑蔣介石違背諾言繼續讓白團活動，蔣認為是孫立人洩漏祕密。 二月，指示彭孟緝與白團合作搜尋前日本軍之研究報告。	七月，白團成員減少十八人。	三月，史達林過世。 七月，韓戰休戰。

一九五四	67	二月，當選第二任總統。 五月，締結《中美共同防禦條約》。	二月，白團提出「光作戰」計畫。實施動員演習。	五月，法國在奠邊府戰役中敗給越共。
一九五五	68	一月，一江山失陷。 三月，艾森豪宣布美軍將協防金門、馬祖。		一月，美國國會授權艾森豪以武裝力量保衛台灣海峽。
一九五六	69	一月，美軍協助蔣介石成立九個預備師。 十二月，出版《蘇俄在中國》。		十月，蘇聯鎮壓匈牙利民主運動。爆發蘇彝士運河危機。
一九五七	70	六月，與日本總理岸信介會談。		十一月，毛澤東訪問蘇聯。
一九五八	71	三月，會晤美國國務卿杜勒斯，商討台美合作事宜。 八月，命蔣緯國任裝甲兵司令。 九月，赴澎湖督導金門砲戰。	三月，開辦戰史研究班。 八月，金門砲戰爆發，富田直亮赴前線視察。	八月，中國擴大人民公社制度。
一九五九	72	九月，接見西藏反抗軍代表。 十二月，接見前日本首相吉田茂。		一月，古巴共產革命成功。 三月，達賴喇嘛逃出西藏。 八月，彭德懷於廬山會議失勢。 九月，中蘇對立激化。
一九六〇	73	二月，當選第三任總統。 六月，艾森豪總統來訪。		
一九六二	75			十月，古巴飛彈危機。

一九六三	76		四月，開設高級兵學班。	十一月，甘迺迪遭暗殺身亡。
一九六四	77		四月，開設戰術教育研究班。	十月，東京奧林匹克運動會。
一九六五	78		八月，實踐學社解散，白團成員裁減至五人，成立實踐小組，於指揮參謀大學授課。	二月，美軍開始轟炸北越。
一九六六	79	三月，當選第四任總統。	九月，岡村寧次過世。	五月，毛澤東發動文化大革命。
一九六八	81		十二月，白團終止運作。	八月，蘇聯鎮壓捷克民主運動。
一九六九	82	九月，車禍受傷。	一月，富田以外所有團員返日。 二月，在東京舉行解散儀式。	三月，中蘇邊境衝突。
一九七一	84			九月，林彪出逃身亡。 十月，台灣退出聯合國。
一九七二	85	三月，當選第五任總統。 八月，病情惡化，停止書寫日記。		二月，尼克森總統訪問中國。 九月，田中角榮首相訪問中國，台日斷交。
一九七五	88	四月五日過世。		四月，西貢陷落，越戰結束。
一九七六				一月，周恩來過世。 九月，毛澤東過世。 十月，文化大革命結束。
一九七九			四月，富田直亮過世。	一月，美中建立正式邦交。

第九章 二〇〇四年臺灣地方割據政權領導人大選觀戰注疏

壹、醒獅、悍鷹與羔羊

△九十二年十二月十七日參加臺灣大學登山會年會

幾位老朋友相見，勉勵加油，爬山雖然重要，但這回還有任務，決不能讓綠營在明年大選獲勝，否則臺灣將成危邦、亂邦，戰爭爆發，山也沒得爬！

注疏：上回大選（兩千年）臺灣大學並未感受到這種危機感，再上回也沒有，我來臺灣大學十年了，今年似乎不同以往。一種氣氛正在醞釀，「冬醞春成」，我做好了「乘勢」的準備。

△九十二年十二月三十日參加臺灣大學退休人員聯誼會

老朋友又碰面了，講臺上主席在致詞，臺下，老教授、老教官、老員工．．．有竊竊私語者，謂再給民進黨幹下去，大家都沒得混了．．．「致詞完畢，謝謝大家」，換另一個老長官上臺致詞。

注疏：的確，李登輝、陳水扁之流，拿著中華民國白花花的銀子，確在搞臺獨，豈不「竊鉤者誅，竊國者侯」，為了發動戰爭需要的「熱度」，把人民（尤其基本教義派者）拿來當柴薪，鼎鑊中的水，就沸騰、沸騰、沸騰，再加柴，燒、燒、燒，戰爭爆發。獨派為何不想想，獅子醒了，決不會像滿清末年那樣，隨便就丟掉身上任何一塊「肉」，而西方悍鷹緊緊的掌控著已經銜在嘴中的肉，深怕掉了，可憐啊！那羔羊！

△九十三年元月四日阿扁要對中國發動聖戰

藍營的回應：要死自己去死。

注疏：奇怪！這個人（或這些人）一定有嚴重的精神分裂症，不然就是雙重（或多重）人格者，怎麼一面說要和平，又一面要發動戰爭。我們拿什麼來打，老美早就表明態度，絕不會讓美國青年葬身在臺海戰爭之中；國軍也不會為臺獨打仗。若因臺獨引起戰爭，國軍最正確的反應，是陣前倒戈，回馬打臺獨，因為官兵每天都在高唱「我愛中華！」這些道理想不通，阿扁應該叫「阿斗」。

△九十三年元月五日阿扁再嚷著要對中國發動聖戰

阿扁引美國先賢說，這一代學習戰爭，好讓下一代學習文學。

注疏：對一個「國家」是必須的，例如「一個中國」或「一個美國」，乃至任何國家，都要學習戰爭。孫子兵法第一篇「兵者，國之大事……」我比阿扁懂的太多了。只是對國家的一部分，如一個省、一個州，是行不通的。臺灣若發動戰爭，下一代其實什麼都不用學了，戰火毀了一切，子孫又回到石器時代，要學的是怎樣「打火」吃熟食。還有一個關鍵，就是「力」的對比。

△九十三年元月六日電視節目許信良說：阿扁已經輸了

許信良（前年非政府組織圓桌論壇我和他曾有一握之緣，一個很沒有格調的人。）

在談話節目直接就說，公投是扁陣營的致命傷，已可預見扁會輸掉二〇〇四的總統大選，現在公投拿掉也來不及了，照輸。

注疏：我的看法，陳水扁的公投是辦假的，只是辦給基本教義派看的，如李登輝、林義雄等人，辦下去也是「四不像」，他就可以把責任推給統派的不配合。歸根究底，獨派搞公投或臺獨，都只是「自摸」——暗爽而已，自己給自己再來一次高潮。

追溯自一八九五年的臺灣民主國，或更早鄭成功來臺，這幾百年來，都只能「自摸」，因為不可能脫離中國，無法「去中國化」。我在臺灣大學上課時，和學生辯論這個問題，最後我告訴學生，脫離中國只有一個途徑：地殼發生大變動，臺灣漂到太平洋中間。全班神情默然，無以應對……

△九十三年元月六日晚上參加臺灣大學逸仙聯誼晚會

晚會由會長官俊榮教授主持，晚會開始先唱國歌，很久沒唱了，感覺很好。會長先致詞，接著連戰主席的夫人方禹、宋楚瑜主席的夫人陳萬水，接著曾漢唐、林益世、林火旺、秦金生、李永萍、楊永斌等（職銜均略），都一一上臺講話，表述心聲，綜合大家所說的重點：

第一、公投與聖戰會給臺灣帶來動亂和戰火，獨派不顧人民死活，硬把大家拖下水。中國知識份子自古「以天下為己任」，臺灣大學身為全國知識份子之首，必須帶頭嚴厲遣責，為歷史留下見證。

第二、民進黨執政後，以「天下為私」，快速腐化、惡化，嚴重的意識形態化，吃相難看。國家領導人每天不務正業，心胸狹窄，眼光短淺，只會搞鬥爭，四年來國家社會未見提昇，反而快速沈淪。

第三、有怎樣的領導階層，就有怎樣的社會狀態。以李登輝、陳水扁為首的獨派人士，動不動就要革命、造反、顛覆，忘恩負義，不負責任。現在臺灣社會秩序失控，人倫道德淪落，李登輝那幫人是禍首。

第四、臺大生產過很多優良「產品」，可惜生產了一個「非良品」—陳水扁。現在應該由臺大醫院回收校正，推給社會一個「良品」—連戰。

注疏：這是一個奇妙的晚上，教授、職員、教官、員工、退休的、再職的，如同一家人在一起唱談心中事。縱使平日有些隔閡的人，今日也能以大局為重，這種感覺很好，臺大很久沒有此種熱鬧的盛事了。

集會的目的一方面遣責執政者的沈淪，也為推動「第二次政黨輪替」而努力。我個人的看法，如同孔明的復興漢室、岳飛的北伐、老總統的反攻大陸，乃至拿破崙的歐洲統一，都沒有成功，但不減後人對他們的敬仰。努力過就好，盡力而為，成敗是有些「叢林法則」的因素，人為力量是拗不過來的。如同兩岸，硬拗只有自己斷成兩節，或粉碎了。

△九十三年元月十三日媒體報導陳水扁重提未來一中

還有，一群文化、社運及學界菁英，發起成立「族群平等行動聯盟」，認為泛綠陣營明顯犯規太多。梅艷芳走了，她是我非常喜歡的一位藝人，有情有義的人。還有，陳水扁解釋把連戰有地兩百坪說成兩萬坪，是「小數點」點錯，更正就好了。

注疏：阿扁會守住「一中」？「騙死人不償命」吧！他這四年一直在玩弄四不一沒有——一邊一國——臺灣正名——公投——統合——一中，再玩下去通通沒有了。

梅艷芳走了，我碰到很多人都說「該走的不走，不該走的走了。」言下之意，那個老蕃癲為什麼不走，可憐啊！權財大慾使一個當過總統的老人，腐化、惡化，人格扭曲而不知自我反省。

△九十三年元月十五日王永慶等發表「沈重表白」宣言

王永慶、李遠哲、林懷民三人聯合發表「我們對總統大選的沈重表白」，詳細內容見當時國內各報。

注疏：想必是有人後悔支持阿扁，不過我覺得這三人應該發揮他們的影響力，告訴國人「一中」才是臺灣永久和平的保障，現在不僅工商企業界人士往中國大陸去，就是學術界、一般民眾，也往中國跑，把子女送去。為什麼？中國是臺灣永久的腹地、市場及安全保障，千萬年後依然如此。

部分台大教職員　表態挺連宋

教授炮聲連連充滿焦慮　連戰說台大從未為選舉而聚會　此舉開校園風氣之先

93年元月15日　中國時報　十三版

李遠哲先生讀孔孟詩書，所學何事？林懷民的「雲門」不是來自中華文化之意涵嗎？而王永慶先生若不在大陸建立事業王國，世界之大卻無處可去吧！告訴國人「去中國化」不可行，也是死路，你們將「功勞卡大天」。

△九十三年元月十五日報載「部分臺大教職員表態挺連宋」

這是昨晚參加「臺灣大學連宋後援會」成立的實況，今天一早報紙就出來了，就用報導取代禿筆吧！

注疏：很好！臺大這群書生開始有知識份子的風骨了，在中國歷史上讀書人對政權的制衡、批判力量，極為微弱。讀書人都被「御用」了，是很可惜的事。不論哪個黨執政，權力需要制衡、批判，知識份子捨我其誰乎？

△九十三年二月十九日參加「臺灣中小企業連宋後援會」

急呼臺灣中小企業、工商各界，反公投，反戰爭，給生意人一個好好做生意的環境。

注疏：阿扁要對中國發動「聖戰」，真是天下的謊言，比「反攻大陸」的謊言還大。不過回歸基本面，臺灣經濟的希望本來就在中國，千百年如此，這是自然法則的市場導向。

△九十三年二月二十日報載陳水扁點名「媒體五大寇」

老校長丁渝洲將軍（八十年我在步校辦協同演習業務他當校長），在回憶錄中稱阿扁曾點名：李濤、李豔秋、李敖、趙少康、陳文茜是「媒體五大寇」。

注疏：當然！在滿清眼中孫中山是「寇」，在秦檜心中岳飛也是必須去除的「寇」，在魔的眼中上帝更是宇宙大司「寇」。但是，如果沒有這些「正義之寇」來制衡、批判統治者，統治者鐵定變成更可怕的「掠食者」，所以這些「寇」在歷史與社會發展中，「功勞卡大天」。

△九十三年二月二十七日給周玉蔻小姐一封信：妳錯了！

周玉蔻要求陳文茜退出媒體，以示和執政者「平等」。

注疏：大小姐，妳錯了，在政壇叢林中，妳和陳文茜都不過是一隻「小白兔」，而執政的獨派正像一隻「頂層掠食者」，一隻餓狼，吃所有能吃、想吃的。據聞，妳出身臺灣大學、哈佛大學，怎不懂制衡、批判原理呢？小白兔要如何去和餓狼談「平等」，妳是天真？還是無知？

△九十三年二月二十八日「新義和團運動」以愛臺灣手牽手之名開展，後來藍營也辦「三一三活動」以示回應。

兩個活動都動員數百萬人，都算熱鬧登場，成功收場，皆大歡喜，各有贏面。

注疏：評戰略態勢，藍營已佔優勢，「藍人」開始學會動員，但臺灣被撕裂成兩塊，嚴重受傷，中國會是最大的獲利者。

「二二八和平牽手護臺灣」，讓我像是看見歷史上那些「義和團運動」、「白蓮教運動」再現。只見獨派血淋淋的操刀割裂族群和諧，製造對立，只見戰火，不見和平；只見重傷臺灣，未見愛護臺灣。

△九十三年三月十九日乘計程車，司機說：獨派玩完了

連日以來的大新聞，陳由豪公開民進黨拿錢吃錢的證據，綠營硬拗沒有；中臺惟覺支持藍營，獨派威脅抗議；李登輝說漏了嘴，「國民黨有錢從我開始的。」；到公館逛街，逛到一家叫「臺灣的店」。

注疏：民進黨吃陳由豪只算小錢，民進黨吃更大的早在靜默中進行，他們把公營事業的財產，能賤賣的賤賣，能轉移的轉移，用「五鬼搬運法」都弄到獨派人馬的手上。

君不見那票人，像一隻飢餓的暴龍，吃所有能吃的，深怕三二〇下臺後吃不到了。

中臺惟覺說的有些「露骨」，若要評他，則要把長老教會那票人長年搞臺獨、搞分離、搞族群對立，拿出來同臺「公平公正」的比較，才是合理的。我認為，尊重大家言論自由、意見表達的權力吧！扁陣營不是「民主進步」嗎？若失去尊重與自由，民主成了什麼東東？抗議、威脅更是「反民主」的行為。

李登輝說漏嘴了，「國民黨有錢從我開始」，國民黨在兩蔣時代沒什麼錢，李登輝主政十二年專搞錢，黑金從他開始的，他終於承認。

「臺灣的店」標榜「本土圖像、本土音樂、本土圖書」，進去一看，全賣些抹黑連宋、抹黑藍營、醜化國民黨、惡化兩岸關係的書籍、資料、光碟等。想不通，這些經營者為何要這樣製造仇恨、製造對立，傷口快好了，他在上面灑鹽，痛啊！可見同是臺灣人，許多人的人性本質已經因政治因素，扭曲、變黑、惡化，大家都不自知。臺灣便是如此的內耗、內損下去。

據昨日（三月十八日）新聞，扁政府「技術干預」軍公教警部分人不能投票，部分人去投標，以向綠營有利傾斜。憲兵司令于連發配合扁營，企圖瓦解退伍軍人的一些地方組織，難不成這位學長也因官位被收買了。

貳、寶貝、眞人與自摸

這是一本自傳體裁的書，寫我這五十年的成長心得，寫作時間大約民國八十八年到九十二年十月間，春節間再加這篇跋記。前半生就像一隻始終在孵卵的雞，孵了幾十年都沒有孵出東西來。後來把巢移到臺灣大學這間「大廟」，也許這裡溫度夠高，我邊孵卵，也一邊坐禪，終於悟道，五十才不惑。我找到了我生命中的寶物，擁有了生命中該有的寶貝。

現在是什麼樣的心情呢？有點像在菩提樹下被眾神女「測試」過，才剛剛成道的佛，心情輕鬆平靜。但奇怪的是，當我在臺灣大學坐禪孵卵的五年間，我常在思考一個問題，先聖先賢都在叫我們做「真人」，我何時才會是一個真人，一個真正表裡如一的真人？

也很奇怪的，你開始要悟道的時候，就開始接近真人。以往，我對於戴著「假面具」的人，我還會禮貌性的恭維一下，說些肉麻希希的話。現在這種話反而說不出口了，總覺得那些言不由衷、身心分離的話簡直是「附贅懸疣」。九十二年暑假期間，幾個好朋友都闔家到拉拉山渡假，大家高興的說，只有好朋友見面可以說真話，在扁政府裡做事沒有人敢說真話，做「真人」，做真正的自己，真是快樂，這才是人生真正的快樂。

是的，下山後又進了紅塵世界，我還是要當一個「真人」，「真誠是作家的生命，虛偽是作家的墮落」，若不當作家，當一個其他角色的人，想必也是相同的道理。

書中寫到我前半生的政治信仰，我反省自己，是否過於操心臺灣的前途。我重溫康德（**I. Kant**）、斐希德（**J. G. Fichte**）與黑格爾（**G. W. F. Hegel**）等人的觀念，試圖找到答案。我也重讀「列子」一書，「杞人有憂天墜者，身無所寄，廢於寢食。有曉之者曰，天積氣耳，奈何而崩墜乎？」。最近我甚至再溫習西洋政治發展史和中國政治思想史這些課程，想為臺灣前途找到一條「和平安全」的路。

結果只找到臺灣的「命運」，凡是屬「命」的東西，都要受制於先天，就像人一出生「命」就定了。以後他也許不斷努力，但那屬於「後天」的改變與發展，屬「先天」部分就不能改變。臺灣之命運就是如此，也許真的獨立個半年一年（如一八九五年的臺灣民主國），但接著就要戰爭，又和平了五十年；「好日子過久了皮癢」，又搞獨立，又帶來戰爭，又和平……

好像康德他們說對了，歷史發展的事實是如此，文明與文化都在戰爭與和平的拉鋸之間，才不斷發展演進。在這過程中，戰爭是一種自然的選優汰劣，弱勢文明與文化就都逐一退出表演舞臺。社會「進化論」如此頑強，人力介入操作又能奈何？綜觀我國與西洋各國歷史發展，統獨問題的解決確是如此。我真是「杞人憂天」，只是人活著總希望好好過日子，不要打仗。

或許，這又是文明、文化與歷史發展中的「真」，只有這個才是真相。一切的人力又能如何？都只不過在「自摸」。原來搞臺獨只在「五個打一個」，自摸，暗爽！

本書的副標題「一個軍校生的半生塵影」，是我刻意要彰顯我的身份和背景，而這種「屬性」我樂於一生一世保留在我心田之中。這表示我至今仍以「黃埔人」或曾是「軍校生」為榮，這是退不去的圖騰。

我也在臺灣大學當了五年教官，現在不管我走到哪裡，走到天涯海角，識者都叫我「教官」——儘管我已是一介草民。這個稱謂我亦引以為榮，這是我一生一世，退不去的第二個圖騰。

我又因「決戰閏八月」、「防衛大臺灣」二書，大陸方面封我一個「臺灣軍魂」名號，現在我的一些朋友碰面時會說，「臺灣軍魂」來了。我也引以為榮，我期勉自己能做得到「中國軍魂」，這是我第三個圖騰。

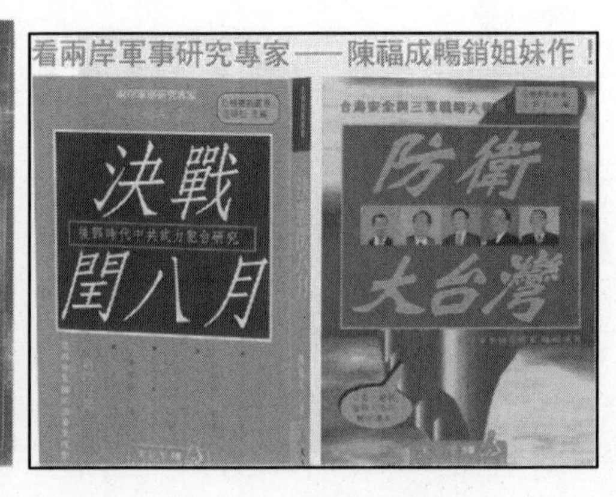

第十章 阿拉（Allah）的自由戰士賓拉登

阿拉伯人的名字都很長，賓拉登的全名應作（Usamah bin Mohammad bin Awad bin Laden）（奧薩瑪・賓・穆罕默德・賓・阿瓦德・賓・拉登）。世界各地的媒體對他的稱謂有：本拉登、賓拉登、奧薩瑪等，本章依台灣地區習慣，稱賓拉登。

賓拉登雖是三億美國人痛恨的對象，卻是全世界十八億七千萬伊斯蘭教徒心中，捍衛阿拉（Allah）的自由戰士，英雄中的英雄。

一九五七年二月十五日，賓拉登出生在沙烏地阿拉伯的利雅德。父親是穆罕默德・阿瓦德・賓・拉登，母親是阿麗婭・甘耐姆，在他父親的二十二個兒子中，賓拉登排行第十八，是阿麗姆的第一個孩子。

賓拉登三歲時，父母離婚，母親阿麗婭取得對賓拉登的監護權，並和穆罕默德・阿塔斯結婚。阿塔斯成了賓拉登繼父，本文按他的成長過程，略述其人間遊歷幾十年之簡傳。

壹、童年到青年時期（一九五七—一九七九）：思想形成

一九六三年（七歲），進入吉達的阿爾薩格模範學校的小學部讀書，該校是沙烏地阿拉伯最先進的學校之一。童年可記的事不多，十一歲時他生父在一個飛機墜毀事故中遇難。

一九七四年（十八歲），賓拉登和十六歲的表妹納伊瓦・甘耐姆結婚。一九七六年入讀吉達的阿卜杜・阿吉茲國王大學，主修經濟管理，大學時代對他的思想形成有重大影響。此期間，在穆斯林世界流行著「伊斯蘭復興」熱潮，稱為「薩爾瓦運動」，這種民族復興運動存在已久，只是此起彼落，未形成主流。直到一九六七年，以色列發動第三次中東戰爭（美國在背後撐腰），埃及、約旦、敍利亞都在戰場上節節敗退。伊斯蘭的民族復興運動才興起浪潮，賓拉登也慢慢弄清楚，原來打壓伊斯蘭世界的惡魔，竟是美國人，

於是他親自去考察了美國。

可以這麼說，美國之行堅定了他一生要奉獻的「聖戰」之路，只有瓦解了美國或削弱其勢力，伊斯蘭民族復興才有希望。一九七九年賓拉登和納伊瓦，帶著兩個兒子到美國「考察」，在美國結識了阿卜杜拉．阿扎姆，這是賓拉登的第一位人生導師。

當時阿卜杜拉．阿扎姆在美國四處演講，主要當然以「伊斯蘭復興」（**Islamic Resurgencer**，台灣譯：回教復興）為主，同時暗中為「聖戰組織」招兵買馬。賓拉登受到阿卜杜拉極大的鼓舞，對「聖戰」燃起旺盛的熱情之火。在與阿卜杜拉多次研商，他在這個民族復興大運動中，找到自己可以擔當的角色，也制訂了自己的未來計劃，他決心全力以赴，實現他的春秋大業。

貳、阿拉伯民族英雄（一九七九——一九八九）：

蘇聯入侵與撤退

一九七九年十二月二十六日，蘇聯入侵阿富汗，為賓拉登創建了大舞台。為協助穆斯林兄弟對抗蘇聯大軍，他動員自己的組織（外界稱「聖戰士」），他的好友兼導師阿卜杜拉·阿扎姆也成立專門組織，共同幫阿富汗對抗入侵的蘇軍。這些經費都來自賓拉登家族的財富和沙烏地阿拉伯政府的支持。

為了援助戰事，賓拉登開始頻繁往來巴基斯坦，為那裡的阿富汗穆斯林兄弟運送物資，他儼然已在這場戰爭中找到自己的角色定位。就是到處募資，積極以最大可能的人力、物力、財力和能買到的武器，支持穆斯林兄弟對抗蘇聯。一九八〇（或一九八一年間），他決定從大學退學，雖然那時他只差一學期就要畢業，他要全力投入「聖戰」。筆者甚感驚訝，他才一個「大學生」，就有如此的壯志、雄才、膽識，反觀台灣的大學生……

隨著蘇聯軍隊占領更多阿富汗城市，賓拉登將「聖戰者」組織分成許多小隊，發起游擊戰。他的好友老師阿卜杜拉・阿扎姆，也負責招募阿拉伯穆斯林兄弟參戰，以游擊戰方式協助阿富汗政府軍。

在這時期（一九八二年間），賓拉登結識了「埃及聖戰者」，賓拉登覺得他們可以激勵沙烏地年輕人，不久他們都成了賓拉登的追隨者。其中最著名的五人是：穆罕默德・阿特夫（阿布・哈弗斯）、艾曼・阿爾扎瓦西里醫生、阿布・烏拜達・阿爾班希里、阿卜杜拉・艾哈邁德・阿卜杜拉、奧瑪・阿卜杜勒・拉赫曼。

一九八四年，賓拉登協助好友老師阿卜杜拉・阿扎姆，建立起一個「服務局」，負責將來自阿拉伯各國的「聖戰士」，分配到阿富汗政府軍各適宜的隊伍中；也負責為聖戰士籌備物資和武器，甚至承擔緊急救援任務。隨著參與戰事的廣泛和深化，賓拉登開始在沿阿富汗邊境，建立「戰士培訓營」，修建聖戰所要的隧道、公路和訓練營，都為幫助阿富汗對抗蘇聯。

一九八六年，賓拉登在阿富汗東部一個叫「賈吉」的地方，建立了他的第一個軍事基地。該基地專為阿拉伯各國來的聖戰士而建設，確實在穆斯林世界形成很大吸引力，等於許多國家的穆斯林兄弟共同對抗蘇聯。在一九八七年春的「賈吉之戰」，阿拉伯聖戰士對蘇軍的戰役，賓拉登確定了他「阿拉伯民族英雄」的地位。

賓拉登似乎看見蘇聯軍隊的末路，就算蘇聯撤軍了，「伊斯蘭復興」依然遙遙無期，更強大而邪惡的美國依然壓迫著所有穆斯林。聖戰運動必須擴大進行，一九八八年八月，他成立「基地軍事組織」（簡稱：基地），做為推展全球革命運動的機構。當時他已是穆斯林世界的人民英雄，他的基地很容易招募到戰士；次年（一九八九），蘇聯快「不行」了，軍隊只好打包回家——撤軍。

參、打倒邪惡美國（一九八九——一九九八）：伊斯蘭復興

一九八九年，在巴基斯坦白沙瓦，阿卜杜拉·阿扎姆和一個兒子，被埋放在路邊的炸彈炸死。之後，賓拉登在無爭議亦無競爭者情況下，成為整個阿拉伯所有聖戰士的領導人。歷史往往讓人措手不及，一九九〇年八月二日，突然發生了伊拉克總統海珊（薩

達姆・侯賽因）出兵佔領科威特。賓拉登主動找到沙烏地王室，表示自願提供軍事援助和聖戰士擊退海珊，賓拉登很有信心，並開始準備和加緊訓練軍隊。

不料，沙烏地政府同意美國組成多國聯軍，包括一些穆斯林國家，要共同抗擊海珊，恢復科威特。沙國王室此舉激怒了賓拉登，他認為允許異教徒踏上神聖土地，是對所有穆斯林世界的侮辱。他開始公開演講反對沙國政策，王室企圖要和賓拉登議和，要他停止批評和終止軍事行動，被他拒絕且升高反對活動，王室乃限制他的自由，命令他不准離開沙國一步。

一九九一年，由美國領導的多國聯軍加入波斯灣戰爭。隨後，美國在沙國建立永久軍事基地，賓拉登和一些沙國要人都公開反對美軍長期駐守在伊斯蘭教的兩個聖地——麥加和麥地那，導致一些要員被逮捕並監禁。就在這年，賓拉登透過王室關係批准他前往巴基斯坦，以關閉當地的公司，承諾一定再回到沙國。他食言了，他是計劃要遷往蘇丹的喀士穆。

約一九九一年底或一九九二年初，賓拉登前往蘇丹喀士穆。他的妻子們、孩子們，還有大約一百名當時住在沙國的聖戰士均同往。得到蘇丹政府的允許後，他也把大量住在巴基斯坦和阿富汗的戰士，遷移到蘇丹，一邊發展自己事業，一邊建設他的「基地」

組織。

一九九二年十二月二日，在葉門亞丁港一個美軍長住的旅館發生恐攻，專家分析說是賓拉登「基地」的第一次恐怖襲擊，並未得到登實。一九九三年十月，在索馬利亞的美軍遭到伏擊，十八名士兵死亡，之後賓拉登和「基地」聲明就是他們幹的。

除了賓拉登自己的組織遷到蘇丹，其他的聖戰組織也開始來到蘇丹與賓拉登的組織會合。主要有艾曼·穆罕默德·阿爾扎瓦希里醫生領導的「聖戰組織」、奧瑪·阿卜杜勒·拉赫曼領導的「伊斯蘭米亞組織」。（奧瑪後來在美國被捕並遭監禁，他的兒子成為該組織領導人）。以上三個軍事組織，為了「打倒美國」和「伊斯蘭復興」的共同目標，才會走在一起。

一九九三年，紐約世貿大樓遭到恐攻，六人死亡，千人受傷，找不到證據可以控告賓拉登。但與賓拉登同陣營的奧瑪·阿卜杜勒·拉赫曼，被查到發出恐攻的教令。（奧瑪於一九九三年六月二十四日被捕，一九九六年被判終身監禁。）

蘇丹政府迫於國際壓力，於一九九六年五月將賓拉登和他的組織驅逐出境，他們又回到阿富汗的賈拉拉巴德。這年，賓拉登簽署並發佈《聖戰宣言》，該宣言明確說明目標，他號召要沙烏地政府下台，讓伊斯蘭教聖地不受美國人侮辱，支持所有伊斯蘭聖戰組織，將美國勢力趕出阿拉伯世界，打倒美國。此後，他不斷為這些目標而努力，一九九八年他又發出「教令」，號召全球穆斯林起來殺死任何美國人，他在教令中說：這是所有穆斯林的責任，每個穆斯林都能實現的目標。

肆、美國反擊（一九九八－「九一一」）：賓拉登改變歷史之戰

美國對賓拉登的大調查行動始於一九九六年。直到一九九八年六月八日，一個大陪審團終於提出一份「最終起訴書」，控告賓拉登「密謀襲擊美國防衛力量」。美國檢察官指控賓拉登為恐怖組織——「基地組織」的領導人，同時也是全球所有伊斯蘭組織的援助者。

同年八月七日，美國駐肯亞、坦桑尼亞兩個大使館同時遭汽車炸彈攻擊，肯亞死亡二一三人（其中十二個美國人），坦桑尼亞死十一人，兩處受傷者四千多人。本案賓拉登

和他的組織並未承認，美國也沒有查出任何「直接證據」。十多天後，八月二十日，美國展開報復行動，向基地組織發射巡航飛彈。而在攻擊前兩小時，賓拉登和他的指揮官們正好離開基地，前往喀布爾一處安全居所。有資料顯示，這次有六名戰士被炸死，但賓拉登後來說有三十名戰士喪失。

同在一九九八這一年，美國政府對賓拉登的主要軍事指揮官穆罕默德．阿提夫及其他嫌疑人，提起了具體公訴。都被指控襲擊美國的兩處大使館，並參與密謀攻擊美國境外組織的恐怖活動。美國政府懸賞五百萬美元，捉拿賓拉登和阿提夫。

時間走到公元二〇〇〇年十月十二日，葉門亞丁港內的美國「科爾」號驅逐艦遭致恐攻，十七名美國海軍官兵死亡。當時科林頓在位沒有立刻反擊，因為沒有任何兇手的證據，但專家普遍認為賓拉登的基地所為。

進入千禧年後，像攻擊美國大使館等已被賓拉登視為「小點心」。在密不透風的內部開始流傳說，「一場超級大規模襲擊即將爆發」。筆者後來研究，驚覺這是賓拉登「改變歷史」之戰，第四波戰爭型態開山之戰，「九一一」是他春秋大業之完成與終局。

二〇〇一年九月十一日，十九名「基地」聖戰士劫持四架美國客機，兩架撞向世貿中心，一架撞五角大廈，另一架墜毀在賓州一片空地，史稱「九一一事件」。本案造成美國三千多人死亡，傷者亦多，使所有美國人活在恐怖氣氛中。美國勢必報復，十月七日，發動「阿富汗戰爭」，不久塔利班政權瓦解，這場戰爭持續近二十年，幾千美國大兵命喪阿富汗。

伍、「九一一聖戰」後的賓拉登與「後賓拉登」時代

「九一一聖戰」後的賓拉登從人間「消失」了，他應該心裡很清楚，遲早難逃美國的報復，相信他也已將生死置之度外。三年後，二〇〇四年十月，賓拉登公布一段錄影，稱對「九一一」之戰負責。又五年後，二〇〇九年十月，賓拉登再公布一段錄音，催促穆斯林對以色列發動「聖戰」，開展對美國之戰的新戰場。

美國情報單位始終沒有放鬆對賓拉登的追捕。直到二〇一〇年八月，首次取得有關賓拉登下落的情報，並由精英部隊開始部署，最後確定的目標，指向巴基斯坦首都，伊斯蘭馬巴德郊區的一座別墅。

二〇一一年五月一日午夜時分（美國時間），美國總統歐巴馬突然召開臨時記者會，

宣布賓拉登已於一日被美軍殺死，另據報導，美國派遣一支小型突擊隊，攻擊伊斯蘭馬巴德郊區這座別墅，行動時間不超過四十分鐘。

美國事後也證實，為怕墓地變聖地。於二〇一一年五月二日（星期一）凌晨，火速由航空母艦卡爾文森號，在北阿拉伯海為賓拉登進行海葬。賓拉登享年五十五歲，但他在十五億多穆斯林心中，已是「永恆的英雄」——阿拉的自由戰士。

賓拉登死後，世人最關心的是「基地」新領袖是誰？果然幾個月後，二〇一一年六月十六日，「基地」透過多個伊斯蘭聖戰網站公布，埃及眼科醫生阿爾扎瓦希里（**Ayman al-Zawahiri**），為蓋達組織領導人，將持續賓拉登路線，奮鬥下去直到「伊斯蘭復興」完成。

阿爾扎瓦希里，是賓拉登最早五追隨者之一。一個眼科醫生定可以在小別墅裡享受「榮華富貴」，何苦走上革命之路？隨時都有可能命喪大地！

已六十歲（二〇一一年時）的阿爾扎瓦希里，出身埃及望族，父親是藥理學教授，祖父則是著名的「愛資哈爾」（**Al Azhar**）大清真寺教長。他於一九七四年自開羅大學醫學系畢業，在埃及陸軍擔任三年外科醫生，退伍後也開了一間診所。

看似前程似錦的他，在畢業前一年（一九七三年），投入新創立的「埃及伊斯蘭聖戰武裝組織」，成為創始成員之一。該組織於一九八一年涉入刺殺埃及總統沙達特，他因而被捕，後來獲得無罪釋放。

一九八〇年代中期，阿爾扎瓦希里前往巴基斯坦白夏瓦，支援阿富汗對抗蘇聯入侵，結識了賓拉登並成為追隨者。後來更擔任賓拉登副手逾十年，外界早已視為實際領導人，他有多少能耐？能否再創另一個「九一一」，消滅美國和以色列，完成「伊斯蘭復興」，就讓時間去證明與評述了。

陸、小結：賓拉登的妻子們、孩子們

據聞，目前全球穆斯林人口（中國叫回教），已接近二十億，是第一大宗教，很多人憂心歐洲可能「穆斯林化」。回教徒會多，應該和他們男人可以聚很多老婆有關，賓拉登就有

人間福報 2011.5.4

美軍狙殺蓋達首腦賓拉登得手後，巴基斯坦一個親神學士政黨的支持者二日在巴國奎達市高喊反美口號。 圖／法新社

巴基斯坦、伊斯蘭馬巴德郊區

拍下紀念

人間福報 2011.5.5.四版

賓拉登喪生地點成為西方媒體焦點，圖為一名記者在牆外拍照。 圖／路透

五個妻子，孩子就更多了。以下簡述為本意小結。

第一個妻子，納伊瓦·甘耐姆，一九七四年成婚。他們的孩子有（以下孩子的名字都簡記）：阿卜杜拉（長男）、阿卜杜勒（次男）、薩阿德（三男）、奧瑪（四男）、奧斯曼（五男）、穆罕默德（六男）、法蒂瑪（長女）、伊曼（次女）、拉丁（又叫巴克爾，七男）、帕克海雅（三女）、努爾（四女）。

第二個妻子：赫蒂徹·沙里夫，一九八三年成婚。他們的孩子有：阿里（長男）、阿米爾（次男）、愛莎（長女）。

第三個妻子，哈麗亞·薩巴，一九八五年成婚。他們的孩子有：哈姆扎（長男）。

第四個妻子，西哈姆·薩巴，一九八七年成婚。他們的孩子有：卡蒂婭（長女）、哈里德（長男）、米里亞姆（次女）、蘇邁婭（三女）。

人間福報 2011.5.5

說出憤怒

大約一千名隸屬蘇丹「伊斯蘭集團」的男子三日聚集在首都喀土木，為遭到美軍格殺的蓋達首腦賓拉登禱告後，其中一人發表即席演說嗆聲。　圖／路透

第五個妻子，阿瑪爾・阿爾薩達哈，約在「九一一」前不久成婚。他們的孩子有：薩菲亞（長女）。

賓拉登共有六次婚姻，其中一次婚禮已舉行，但在圓房前取消了（原因不明）。他的五個妻子共生了十一個男孩、九個女兒，合計兒女二十人，如今孫輩可能有上百人，因為回教信仰主張多生。

這種多妻制按「西方民主」是不平等的，但伊斯蘭文明之所以能壯大，甚至數百年後極可能「全球伊斯蘭化」，就靠這種「偉大的多妻制度」，可見此種制度的優越性。從物種進化論來看，多妻制才合乎物理原理。

在「後賓拉登時代」，各國分析家認為阿爾扎瓦希里很難取代賓拉登的地位，要超越更不可能。原因是他缺乏賓拉登的魅力，也沒有賓拉登一言九鼎的權威，加上回教國家本來就嚴重分裂。所以，要「回教復興」，要「消滅美國」，實在遙遙無期。

附件：美國情報局顛覆世界的「十條誡令」

美國為永久維持資本主義帝國霸權，必須顛覆所有主要、次要和潛在敵人，使其永久處於衰弱或分裂。中國、俄國、伊朗、伊拉克、阿富汗…都是顛覆目標，都按國情製訂「顛覆手冊」，由情報單位執行。

美國中央情報局在其極機密的《行事手冊》中，關於對付中國的部分，最初撰寫於1951年，以後曾經修改多次，至今共成十項，內部代號稱為《十條誡令》。其內容如下：

①盡量用物質來引誘和敗壞他們的青年，鼓勵他們藐視、鄙視，進一步公開反對他自原來所受的思想教育，特別是共產主義教條。替他們製造對色情奔放的興趣和機會，進而鼓勵他們進行性的濫交。讓他們不以膚淺、虛榮為羞恥。一定要毀掉他們強調過的刻苦耐勞精神。

②一定要盡一切可能，做好宣傳工作，包括電影、書籍、電視、無線電波……核心

是宗教傳佈。只要他們嚮往我們的衣、食、住、行、娛樂和教育的方式，就是成功的一半。

③一定要把他們的青年的注意力從他們以政府為中心的傳統引開來。讓他們的頭腦集中於體育表演、色情書籍、享樂、遊戲、犯罪性的電影，以及宗教迷信。

④時常製造一些無風三尺浪的無事之事，讓他們的人民公開討論。這樣就在他們的潛意識中種下了分裂的因子。特別要在他們的少數民族裡找好機會，分裂他們的地區，分裂他們的民族，分裂他們的感情，在他們之間製造新仇舊恨，這是完全不能忽視的策略。

⑤要不斷地製造「新聞」，醜化他們的領導。我們的記者應該找機會採訪他們，然後組織他們自己的言詞來攻擊他們自己。

⑥在任何情況下都要傳揚民主。一有機會，不管是大是小，有形無形，就要抓緊發動民主運動。無論在什麼場合，什麼情況下，我們都要不斷地對他們（政府）要求民主和人權。只要我們每一個人都不斷地說同樣的話，他們的人民就一定會相信我們說的是真理。我們抓住一個人是一個人，佔住一個地盤是一個地盤，一定要不擇手段。

⑦要盡量鼓勵他們（政府）花費，鼓勵他們向我們借貸。這樣我們就有十足的把握

來摧毀他們的信用，使他們的貨幣貶值，通貨膨脹。只要他們對物價失去了控制，他們在人民心目中就會完全垮台了。

⑧要以我們的經濟和技術的優勢，有形無形地打擊他們的工業。只要他們的工業在不知不覺中癱瘓下來，我們就可以鼓勵社會動亂。不過我們必須表面上非常慈善地去幫助和援助他們，這樣他們（政府）就顯得疲軟。一個疲軟的政府就會帶來更大更強的動亂。

⑨要利用所有的資源，甚至舉手投足、一言一笑，都足以破壞他們的傳統價值觀。我們要利用一切來毀滅他們的道德人心。摧毀他們的自尊自信的鑰匙：就是盡量打擊他們刻苦耐勞的精神。

⑩暗地運送各種武器，裝備他們一切的敵人，和可能成為他們的敵人的人們。

第十一章　文藝工作者群籲請陳水扁偽總統自愛引退公開信

文藝工作者群
籲請陳水扁總統自愛引退公開信

水扁總統先生：

我們最尊敬的「台灣之父」鄭公成功，四百年前留下名言：『湯武之征誅，一「灑掃」也。堯舜之揖讓，一「應對、進退」也』。灑掃、應對、進退……是初級的家庭教育、是基本的兒童教育，亦即人之為人的基礎教養。小而言之，是做人處世的基本規範。擴而大之，為民除害，為國去惡，不過是替國家社會「灑掃」而已。治大政、當知所「應對」；居大位、當知所「進退」。君主時代如此，民主時代尤甚！

貴總統出自清寒，力學求進；習法有成，從政有術，確是優秀傑出的「台灣之子」。父老寄之以厚期，同胞授之以重任。始而出任國會議員，繼而出任國都市長，進而登峰造極，出任國家元首。惟我國家處境，偏安一隅，危機四伏，貴總統理應不忘所自，克勤克儉，為國為民，克盡神聖而莊嚴的總統職責，焉能縱容親屬、親信，為非作歹，形成「大也貪、小也貪、明也貪、暗也貪」的貪瀆王朝？其貽害人民，或失業、或失養……以至上吊、投水、燒炭、自焚……不一而足。自殺率之高，破歷史紀錄，且多舉家自殺的人寰悲劇。一人的失職失德，一國的大災大難，此乃今日台灣的真實寫照！

貴總統之不適任，種種切切，罄竹難書。罷免之聲，一呼萬應。民意調查，已呈一面倒的數據，國會表決，已獲多數決的支持，然以罷免案門檻過高、一時難以完成法定程序，國家憲政運行，陷於困境，國家民主聲譽，為之蒙羞。愛國人士，勢難安於緘默，慷慨激昂，雖蹈湯赴火，亦在所不辭。際此時會，倘貴總統以人心向背為念，以社會禍福為重，急流勇退，以息紛爭，則國家幸甚！國人幸甚！一 念之仁，殊足千秋流芳！

尤有不能忍於言者：內政當局、治安機關，違背憲法、警察法及人民集會遊行法，擬以「利刃拒馬」的殺人武器，遂行恐怖統治，制止人民合法的集會遊行。此項倒行逆施，以「保扁」為其名，實乃嫁禍於貴總統、亦即「倒扁」為其實，至盼貴總統明察此一陰謀，作有效措施，防止明顯而立即的危險，而維社會治安為幸！

連署名單

司馬中原	陳若曦	鍾鼎文	何志浩	段彩華
墨　人	羅　蘭	朱　炎	李奇茂	張　默
辛　鬱	陳澄雄	洛　夫	瘂　弦	葉維廉
周志剛	傅崇文	周玉山	向　明	綠　蒂
夏　菁	申學庸	郭嗣汾	李錫奇	姜保真
高天恩	魯　蛟	葉于模	呂麗莉	丘秀芷
王中平	徐天榮	饒曉明	隱　地	張拓蕪
張　杰	商　禽	簡政珍	管　管	孫如陵
龔聲濤	許敏雄	林少雯	丹　扉	張炳煌
楚　戈	歐茵西	鄁　瑩	愛　亞	楊小雲
李宜涯	周鑫泉	杜十三	一　信	舒　暢
涂靜怡	文曉村	彭正雄	瘦雲王牌	尚潔梅
朱秀娟	張永村	張光賓	李文漢	郭道正
于百齡	落　蒂	碧　果	古　月	汪啟疆
張漢良	須文蔚	嚴忠政	菩　提	梁秀中
王南雄	顧重光	蔡　友	朱為白	李重重
黃才松	方　艮	楊啟宗	張　放	周伯乃
大　蒙	方　明	陳祖彥	岳　農	楊　平
周　鼎	歐豪年	董夢梅	朱為白	許一男
黃昭雄	李泰祥	謝孝德	丁文智	謝　青

游　喚	劉小梅	鄭如晴	陳素英	林靜助
重　提	蔣治平	彭行才	姜龍昭	高　前
田新彬	姚宜瑛	王保珍	鮑曉暉	李進文
張　堃	王　渝	邱　平	張國治	龔　華
曾美霞	許水富	鍾順文	謝佳樺	潘郁琦
楊柏林	談　真	尹　玲	林精一	文　彥
陳運通	余玉英	李能宏	戚宜君	梅占魁
張效愚	柴棲鶩	吳望堯	雪　飛	金　筑
陳來奇	王　幻	麥　穗	金　劍	程梅香
鄭弼儀	陳福成	余興漢	王　璞	蔡明翰
嚴倉吉	周雪賢	楊瑞春	許捷芳	劉柏文
陳守政	林恭祖	吳淑麗	連水淼	賴益成
台　客	林　齡	李政乃	趙　化	莊雲惠
范揚松	李德俊	陳高德	陳明卿	晶　晶
許運超	吳雪娥	王　琛	曾　焜	何瑞林
江協桂	吳紹同	趙春田	岑摩岩	黃炳祥
趙玉崗	夏美華	黃英雄	徐斌揚	蔣子安
柯玉雪	張瑞齡	申　江	蔡國榮	孫正中
王　唯	洪家茵	高振鵬	汪洋萍	徐菊珍
張清郎	劉弘春	許文龍	王正平	葉樹涵

王曼菲 何若蘭 周燕北 楊 鷹 黃伯平

林惠玲 張立敏 唐茜雯 吳松峰 許維西

倪占靈 邱琳生 盧其周 許綾蘭 胡明宏

陳秀月 蔡雪娥 劉玉霞 陳秋燕 柳松柏

趙雪芹 李恩秀 許忠英 夏華達 徐世澤

林其文 徐松齡 高 瀅 張寶樂 張廉之

黃友佳 梁銘遠 高文治 陳明貴 馬志遠

張建富 屠鈺媛 邢韻蓉 顧家寧 陳明仁

王譽榮 倪汝霖 陳宏勉 尚有才 上官百成

張再興 張正衛 李武雄 朱德梅 李王桂定

刁靜媛 王劍達 王慶海 余忠孟 吳建源

余漢宗 李敏吟 林明良 林韻琪 張松蓮

陸 常 焦士太 馮正連 馮竟成 劉蜀雲

鄭義波 錢 瓔 廖孝林 王飛雄 黃歌川

徐 祥 陳白秋 王小玉 孟昭光 王尚文

林永發 王 愷 張毓國 金志書 周 實

宋建業 高好禮 劉倫正 鄧國強 徐士文

左彥祿 覃國強 井松嶺 洪泰山 許芬華

林憲國 王美玥 項九一 王景浩 施力仁

楊興生 莊 普 馬方渝 康村財 許美雲

李俊陽	俞瑞玲	陳正平	陳美芳	趙天福
李茂宗	洪　易	黃潮湖	張淑德	藍黃玉鳳
洪政東	劉寅生	賴興隆	林鴻文	龍君兒
金質靈	賴進一	宋多加	許分草	徐心富
陳佑瑞	陳明善	寧　可	孫少英	趙占鰲
齊衛國	沈國慶	王　農	陳秉鑣	官麗佳
宇文正	吳婉如	王開平	蔡文怡	姚應敦
蘭培林	汪紀蘭			

（＊ 排名以連署先後為序）

第十二章　關於〈鄭和航海全圖〉

保存這份〈鄭和航海全圖〉的動機，是因為這件已歷六百多年且「價值連城」的寶物，現在幾乎無人能清楚明白的解讀。

可能也極少人知道我們中國有這件寶貝，在二十一世紀中國崛起，航向海洋，再廣為流傳這份圖，希望引起更多人知道，好好研究比哥倫布更早的大航海，且中國艦隊所到之處，只有交流和眾利，沒有任何對土著有不利作為，更無大屠殺事件發生。

西方白種族從哥倫布「發現新大陸」開始，所到之處，北美、南美、澳洲等，只有一場接一場大掠奪和大屠殺。結合政治和宗教（基督、天主），佔領一個地方，進行全面「白種族信仰化」，強迫各土著信仰基督天主，不信者全部屠殺，這種事在鄭和航行過程不會發生，中國文化包容性很大。

鄭和航海圖原名〈自寶船廠開船從龍江關出水直抵外國諸番國〉，刊載在明茅元儀《武備志》，卷二百四十之圖首方格內。「寶船廠」是鄭和下西洋時，南京「龍江船廠」之特稱；「龍江關」即下關，明初建都南京，設關於龍江之上，故以龍江關名之。

該圖首頁有寺曰「淨海」，係鄭和出使平靖海外後所建，築成於洪熙元年（一四二五年），足證本圖應製作於是年之後。又鄭和最後一次出使為宣德五年（一四三〇年）至八年（一四三三年），曾由分遣從古里（Calicut）到天方國（即回教聖地麥加 Mecca）。圖中未指明此國，足見該圖應製作於此次使役前。

從洪熙元年（一四二五年）到宣德五年（一四三〇年），前後有六年，為鄭和第六次下西洋。後因成祖崩，奉命回國，守備南京，全部舟師駐泊於此，合併各船記錄，構成全圖為應時之舉。故推論，全圖製作完成於洪熙元年到宣德五年間，此六年內之集體製作。

初略解讀鄭和航海圖，從南京開始，東出長江，復沿長江以南之海岸，經海南島、越南，再南行至暹羅、婆羅洲、爪哇、馬來亞、蘇門答剌等。復入印度洋至緬甸、印度半島、錫蘭、東非洲、阿拉伯海各地。按圖所示，尚涉及印度洋南部，如馬達加斯加和澳洲等地。

該全圖共有五二九個地名，國內有二一八個，海南有一八一個，印度洋有一二一個。

明代戰船種類有：廣船、福船、草撇船、海滄船、開浪船、叭喇唬船、艟喬船、蒼山船、八槳船、鷹船、漁船、網梭船、兩頭船、沙船、蜈蚣船、鳥嘴船、鴛鴦槳船、子母船、赤龍船、火龍船、聯環船。

為鄭和艦隊所建造特別的船尚有：寶船、馬船、糧船、坐船等。當時的造船廠，南京以外尚有：福建、浙江、揚洲、定海等多處。鄭和艦隊兵力，按各載籍所志歷次人數：

永樂三年，二萬七千八百餘人，按《明史》。

永樂四年，三萬七千人，按《罪惟錄》。

永樂七年，二萬七千餘人，按《星槎勝覽》。

永樂七年，三萬人，按《皇明四夷考》。

永樂十一年，二萬七千六百七十人，按《瀛涯勝覽》。

宣德五年，二萬七千五百五十人，按《前聞記》。

全圖除航路外，尚有四幅「過洋牽星圖」。圖中所見，僅為各國沿海之側面山水，自與現代海圖不同，畢竟時差六百多年。但能利用關係位置，收納大海洋於尺幅之內，以普通山水畫的透視法，將各國沿岸側面圖按航行先後加以描繪，除航行實用亦可供一般人認識沿路情勢，也可視作山水地志。

構成海圖之每一原始圖形，如現代海圖之象形標誌，即實用又方便閱讀，特匯集如下說明。

1. 橋樑，圖中僅在國內部分有之。

2. 河流，圖中所示者，僅在各國沿岸有之，與此類似者，如東京海灣、亞丁灣、及波斯灣等，其圖形幾與河流相同，然皆由於航跡未到，描繪時圖形收縮使然也。

3. 山岳，此等圖形皆在陸岸以內或在航行時可作顯明目標之用者。

4. 樹木，凡名勝之區有之，如南京之鍾山及錫蘭佛寺等皆是。

5. 島嶼，皆為航路附近之重要島嶼。

6. 平洲，皆為航路附近之重要平洲。

7. 域墻：僅國內部分有之。

8. 重要建築物，如寺廟，關卡等。

9. 城市框，地址確實之主要城市或國名。

10. 無方框，次要或不明所在之地名。

11. 沙灘，露出水面之沙灘。

12. 巡司，明代之民兵守望哨及檢查哨。
13. 危險區，礁石沙灘雜亂之區域。
14. 航線，亦即帆船之航跡。
15. 寶塔，國內國外均有。
16. 官廠，官辦之船廠（包括修船造船及儲藏材料之廠庫等）。
17. 王城，王宮所在地。
18. 宗教，教主所在地。
19. 礁石，包括露出水面或暗伏水中者。
20. 巡檢司——所在地。

自地球上有強權建立海上艦隊，從古希臘、羅馬開始，到近現代之荷蘭、西班牙、英國、德國、美國，都是用強大艦隊去發動戰爭，掠奪資源財物，進而滅人之國，從無例外。現在的美帝亦如是，完全沒有人權和民主素養，人權民主在牠們只是一種侵略「工具」。

只有中國例外，六百多年前的中國艦隊出使列邦，只是交流、了解，交各方之朋友。

沒有掠奪、戰爭，隨著中國崛起，要使「鄭和研究」國際化，〈鄭和航海全圖〉列本章附錄，供後人研究。（本文圖片引：周鈺森，《鄭和航路考》（臺北：中國航海技術研究會，民國四十八年）

附 錄

自寶船廠開船從龍江關出水直抵外國諸番圖
水西橋
石城橋
天妃宮
淨海寺
抽分廠
宣課司
龍江關
寶船廠
獅子山
祭祀壇
水驛
太子洲
萊園
段腰
二
四

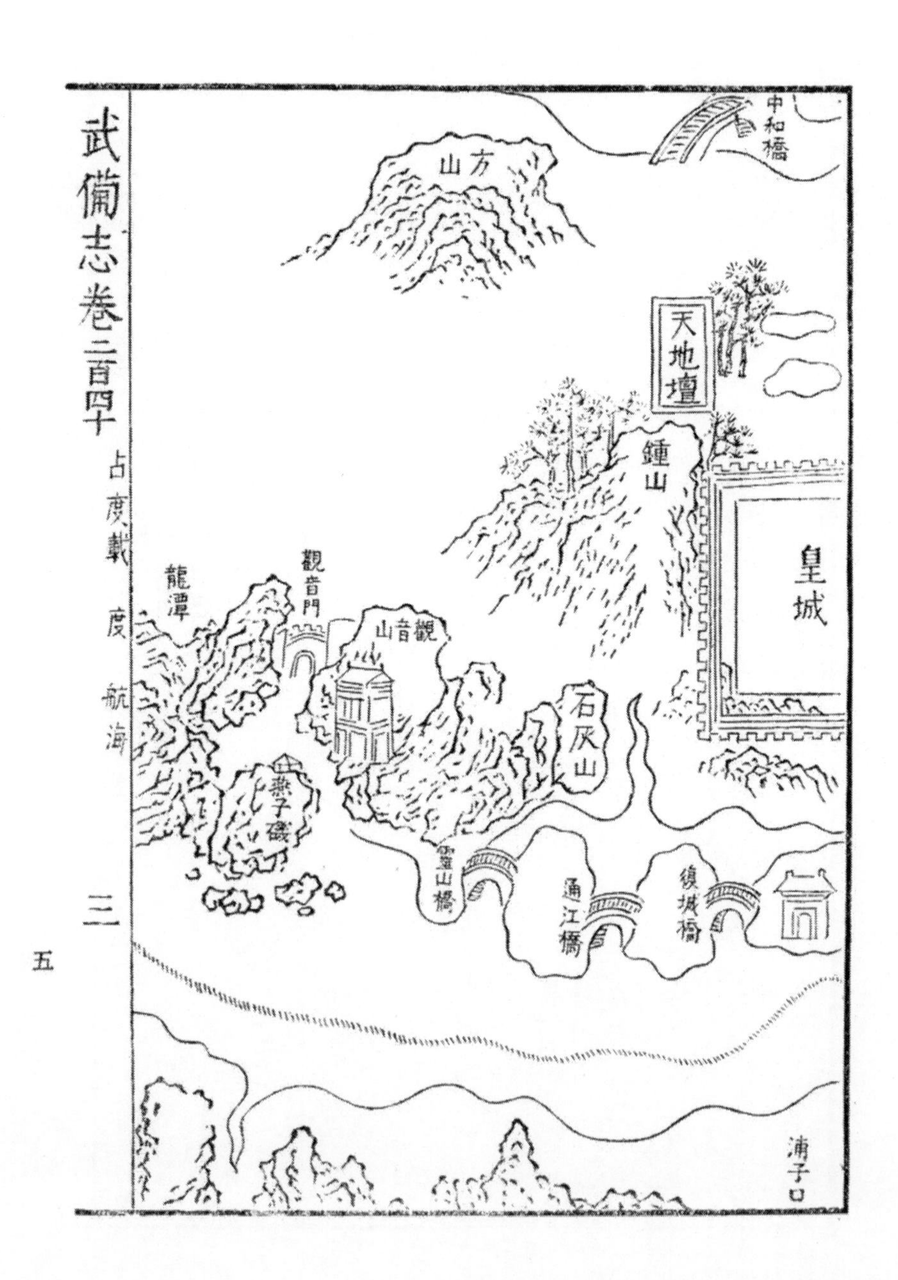
武備志卷二百四十
占度載 度 航海
三二
五
中和橋
方山
天地壇
鍾山
皇城
觀音門
龍潭
觀音山
石灰山
燕子磯
靈山橋
通江橋
復城橋
浦子口

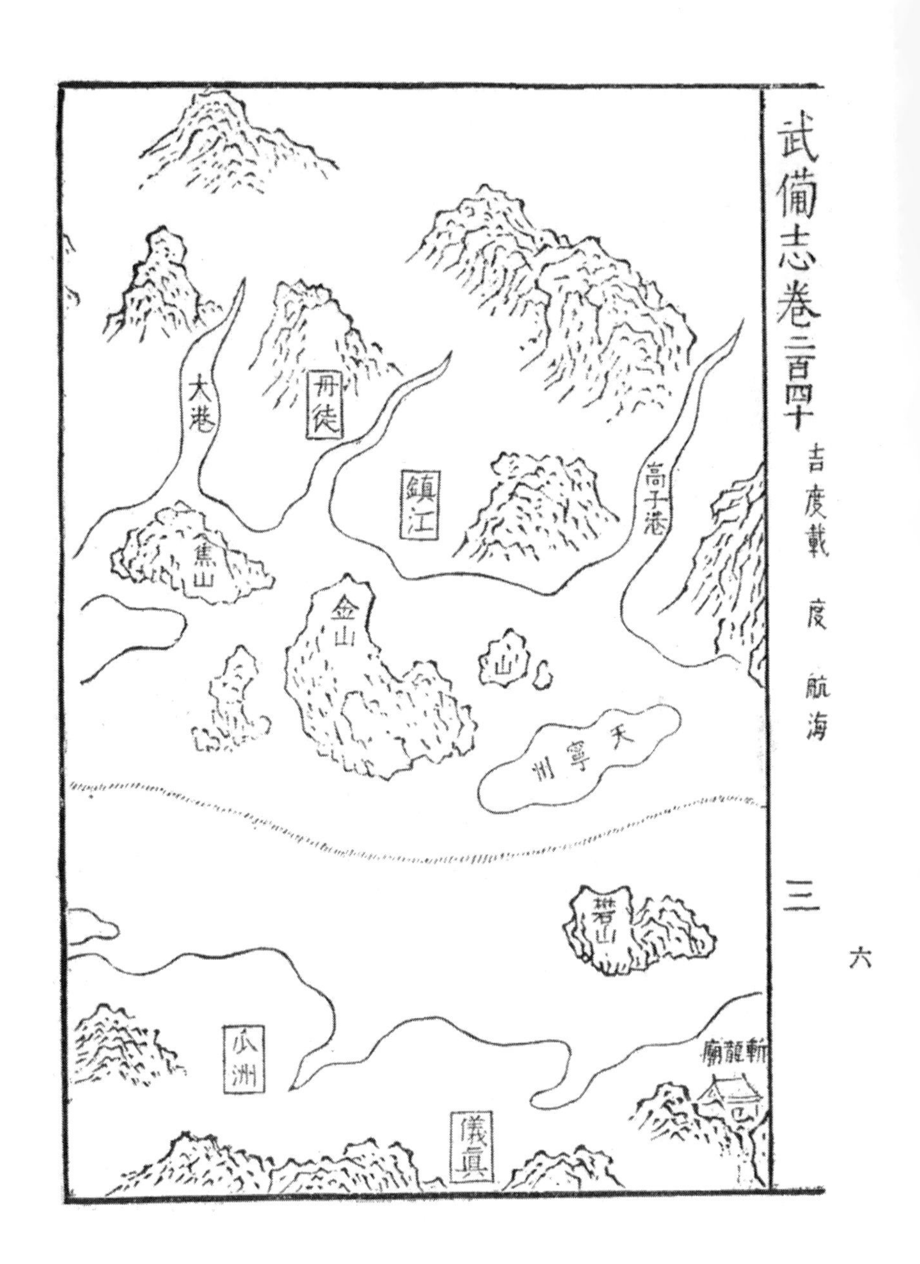
武備志卷二百四十
吉度載 度 航海
三
六
大港
丹徒
鎮江
高子港
焦山
金山
山
天寧洲
碧山
瓜洲
儀真
斬龍廟

武備志卷二百四十
占度載 度 航海
四
七
巡司
天妃宮
石頭港
杏山
石牌灣
江陰縣
圌山
淺沙
東鞋山
西鞋山

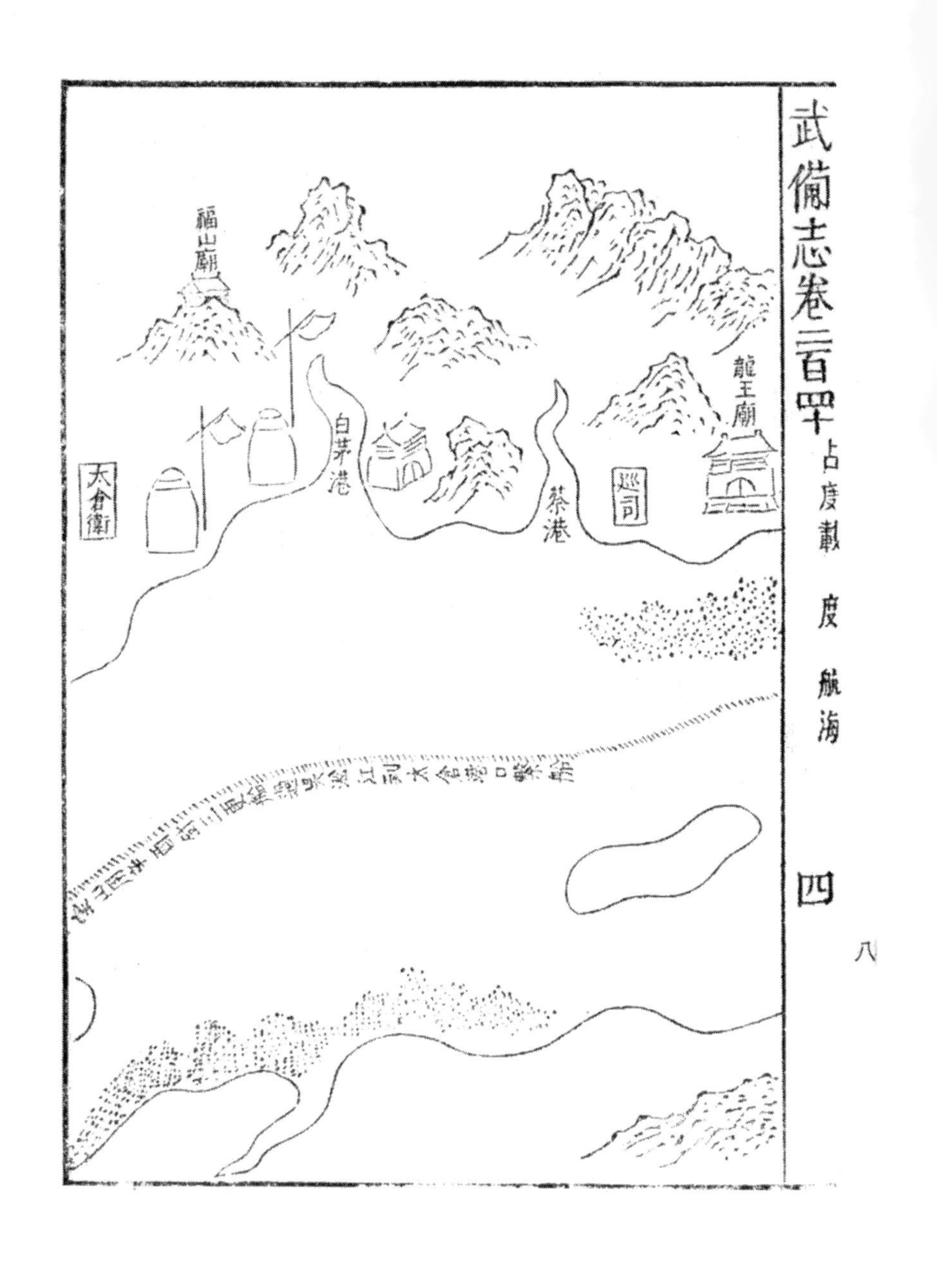
武備志卷二百四十
占度載　度　航海
四
八
福山廟
太倉衛
白茅港
茶港
巡司
龍王廟

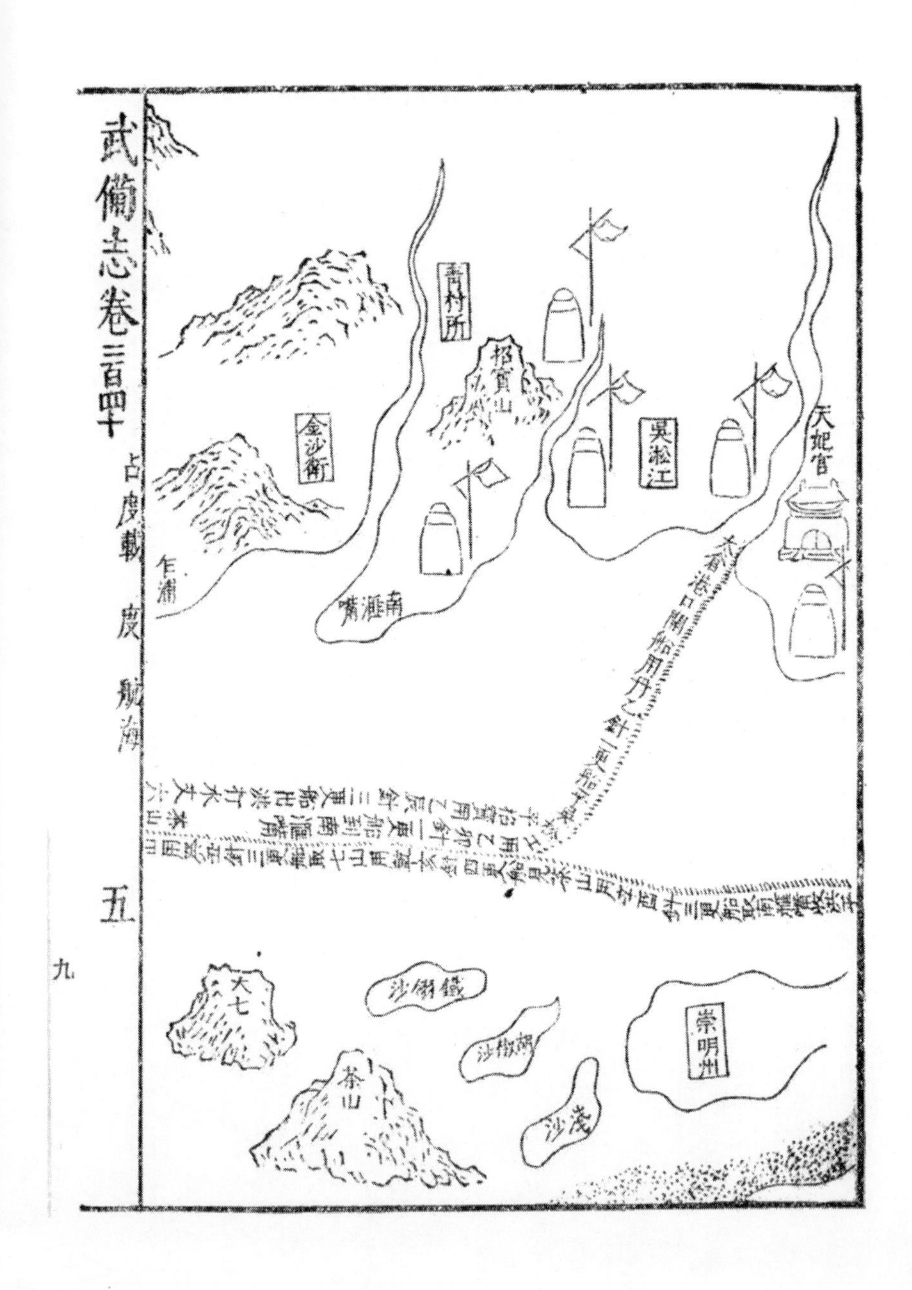
武備志卷二百四十
青村所
招寶山
金沙衛
吳淞江
天妃宮
南滙嘴
大七
茶山
鐵搬沙
崇明州
五
九

武備志卷二百四十
占度載　度　航海　五
一〇
定海衛
海寧衛
灘山
列港
西後門
許山
昌國所
青嶼
小七
東霍山
尼山
湯山
普陀山

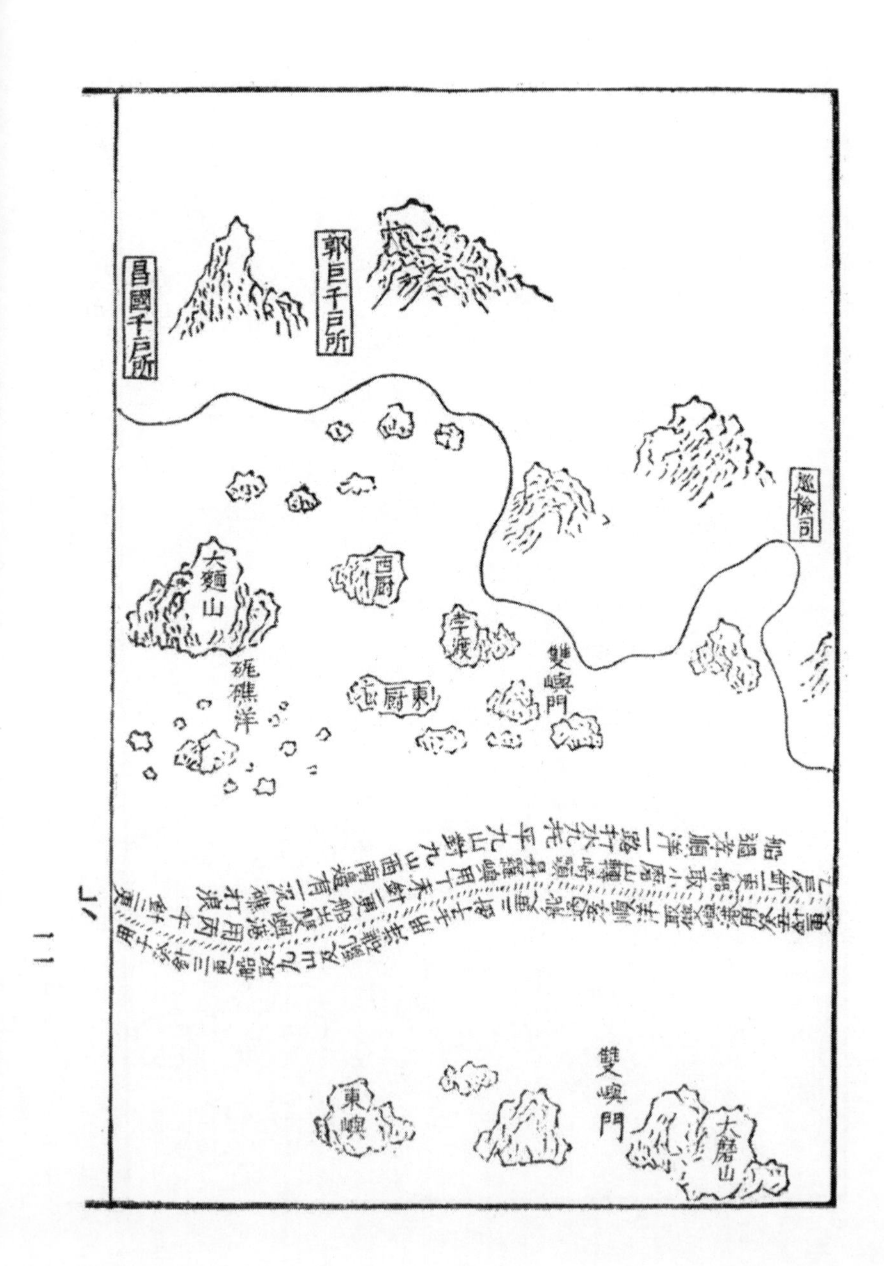
昌國千戶所
郭巨千戶所
巡檢司
大麵山
西廚
東廚
雙嶼門
東嶼
雙嶼門
大磨山

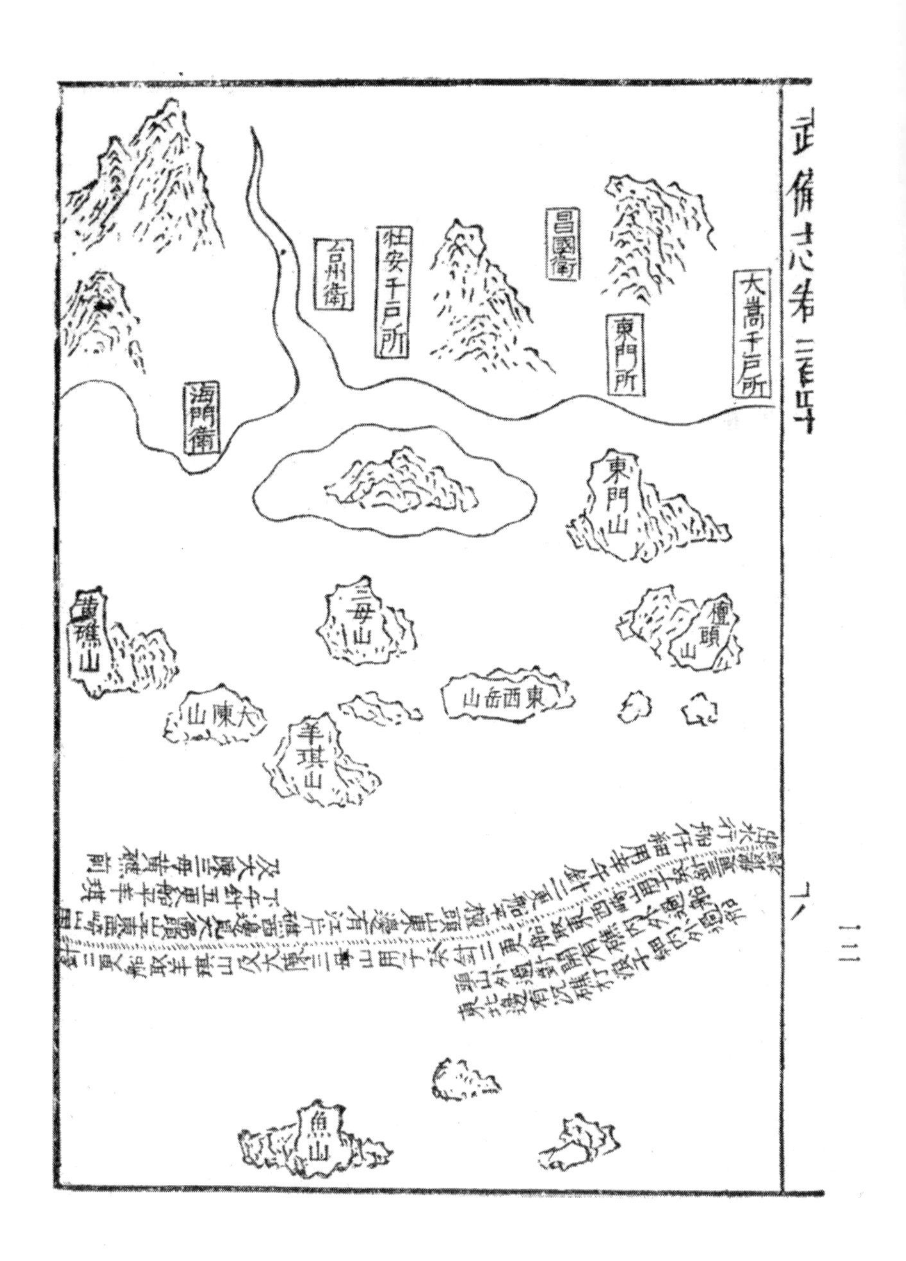
台州衛
千戶所
昌國衛
東門所
大嵩千戶所
海門衛
東門山
三母山
黃礁山
大陳山
羊琪山
東西岙山
魚山

武備志卷二百四十　占度載　度　航海
盤石衛
松門衛
中界山
喜鵲山
黃山
錢山
直谷
石塘
狹山

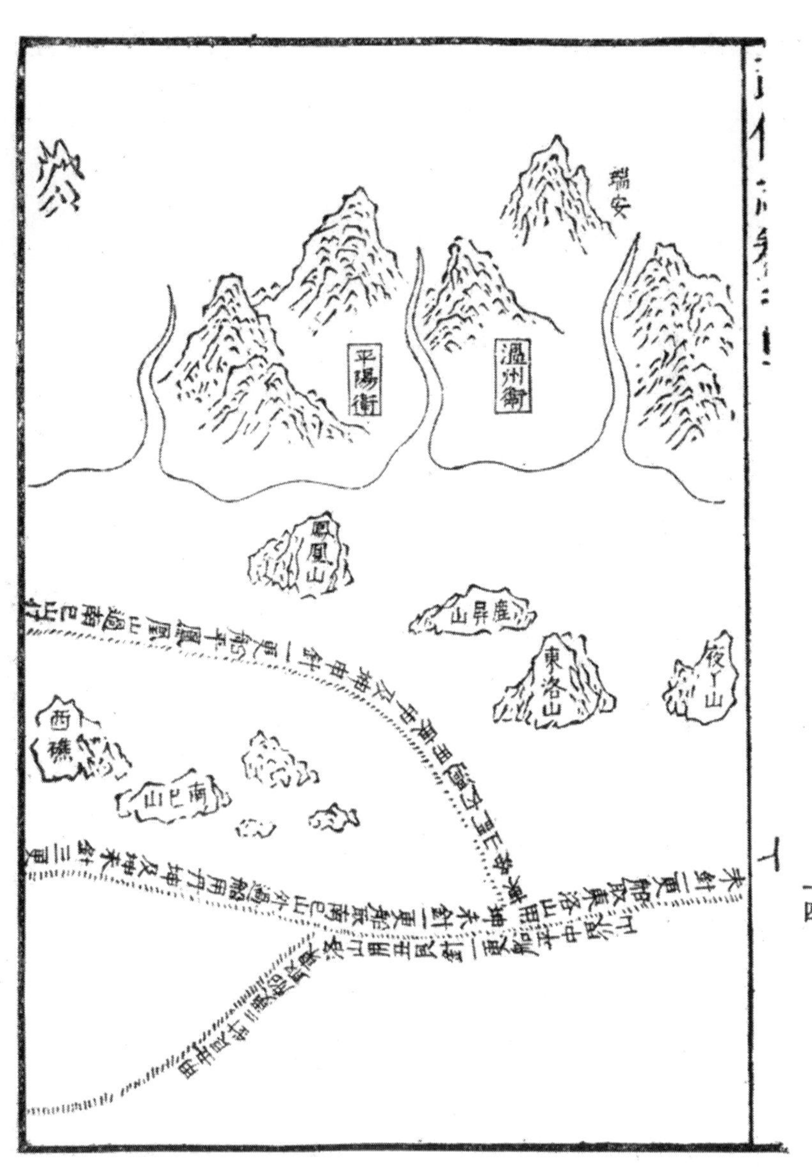
瑞安
平陽衛
溫州衛
鳳凰山
東洛山
南巳山
西礁
一四

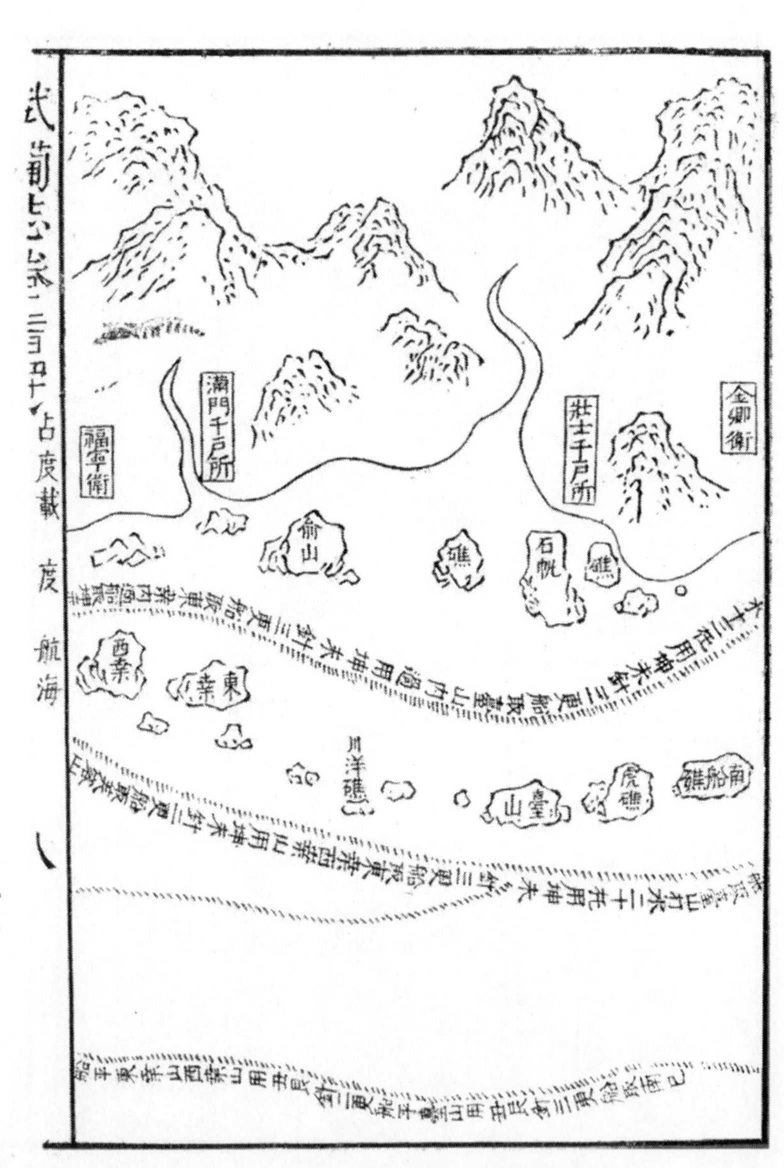

武備志卷二百四十　占度載　度　航海
一五
福寧衛
濱門千戶所
壯士千戶所
金鄉衛
俞山
礁
石帆
礁
西寨
東寨
洋礁
臺山
虎礁
南船礁

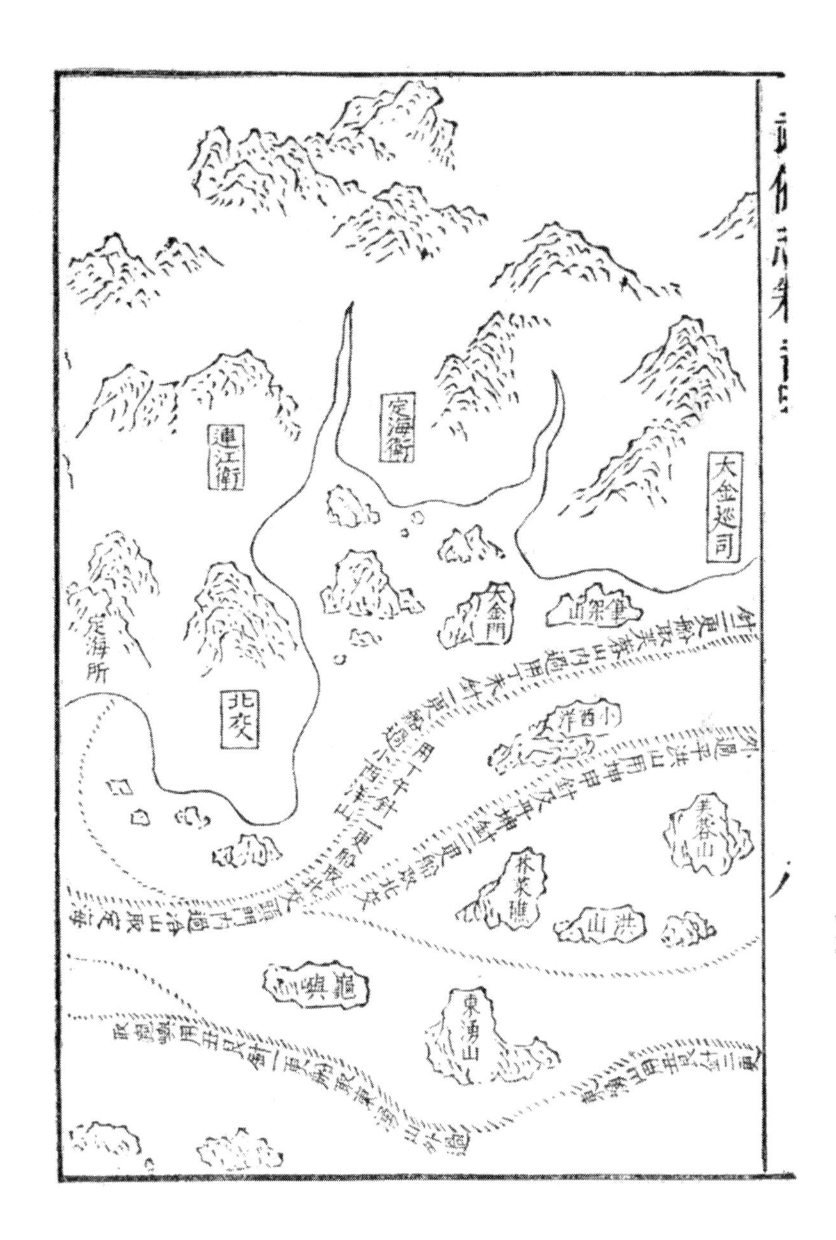
定海衛
連江衛
大金巡司
大金門
筆架山
定海所
北茭
小西洋
芙蓉山
洪山
東湧山
一六

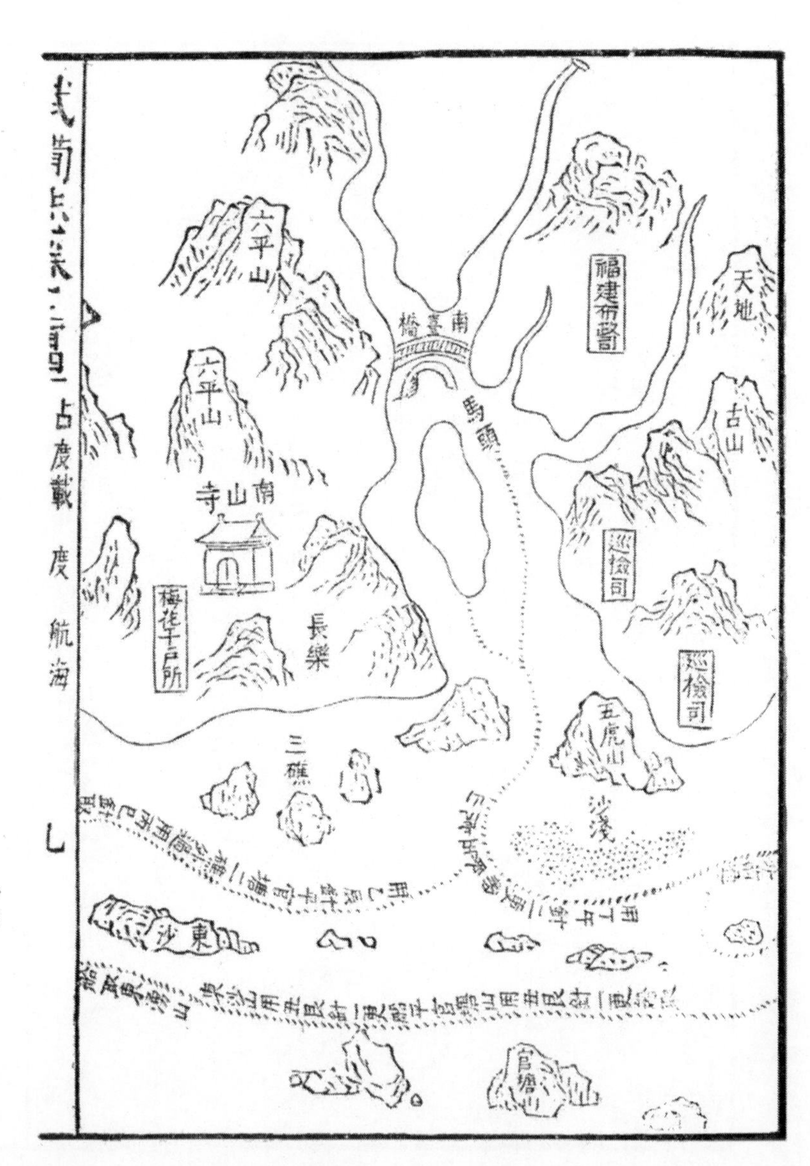
占度載
度
航海
六平山
六平山
南臺橋
南山寺
梅花千戶所
長樂
馬頭
天地
古山
巡檢司
巡檢司
五虎山
三礁
沙淺
東沙
官塘山
一七

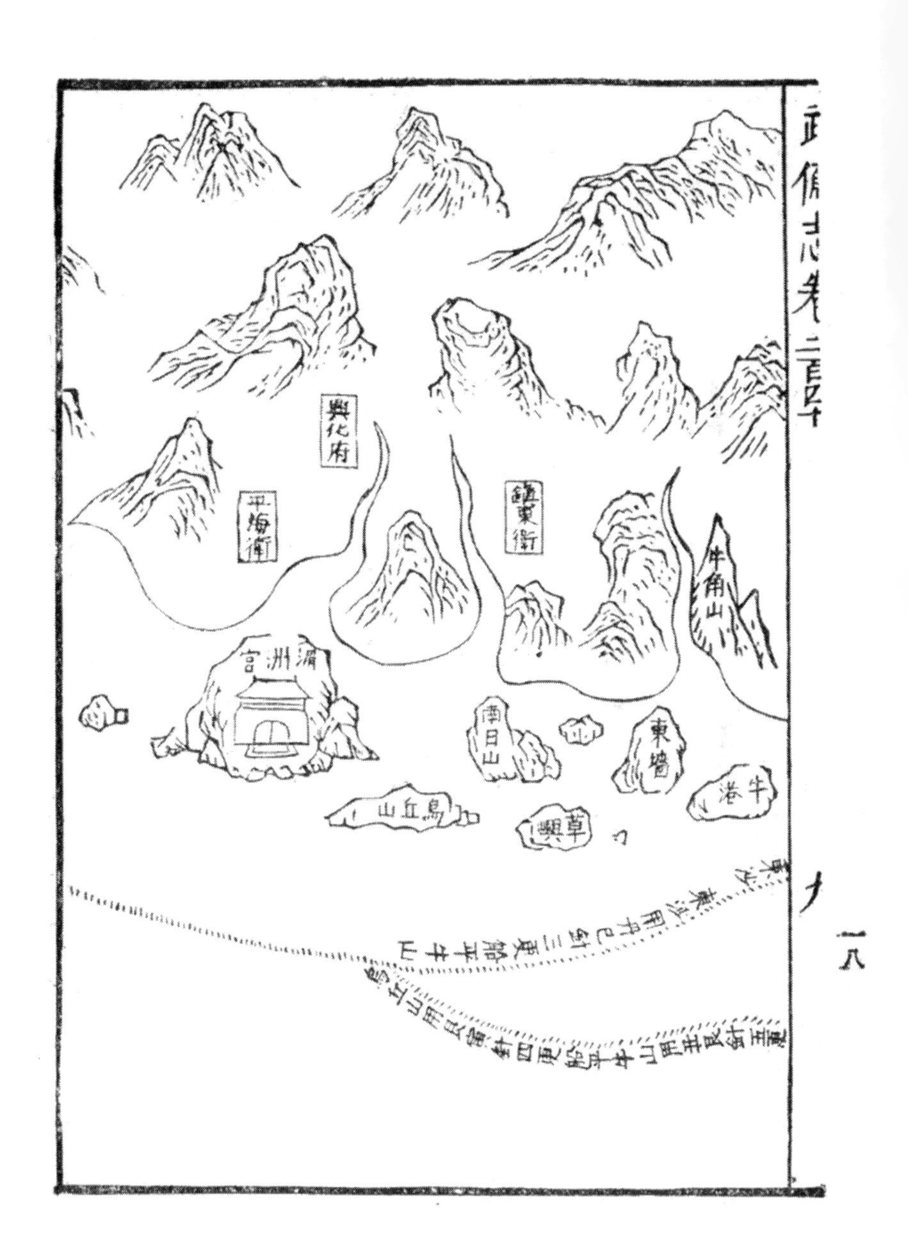
興化府
平海衛
鎮東衛
牛角山
湄洲宮
南日山
東墻
烏丘山
草嶼
一八

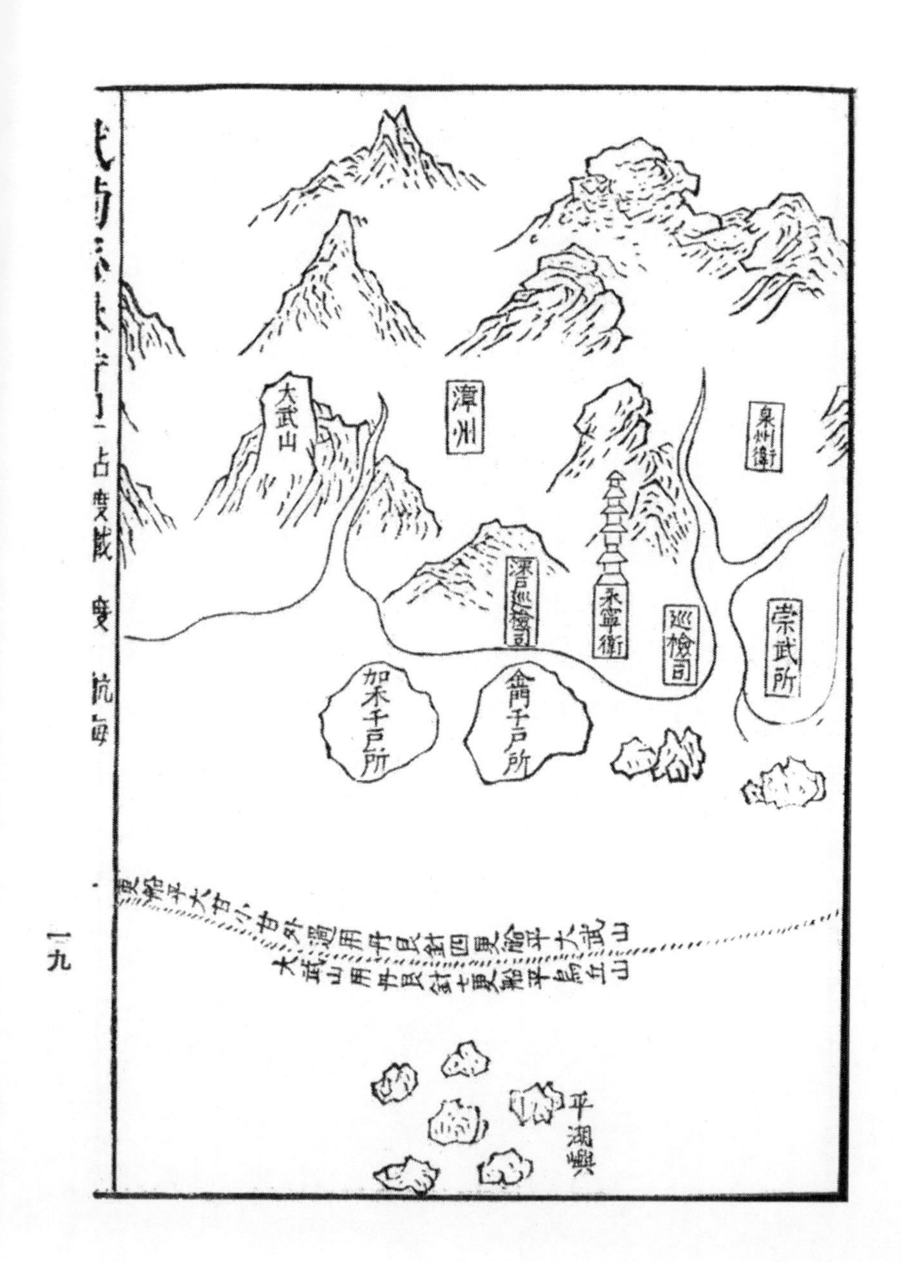
大武山
漳州
泉州衛
漳浯巡檢司
永寧衛
巡檢司
崇武所
加禾千戶所
金門千戶所
平湖嶼
一九

宮富寨
大奚山
小奚山
冷汀山
佛堂門
翁鞋山
東美山
大星尖
外平
大甘
小甘

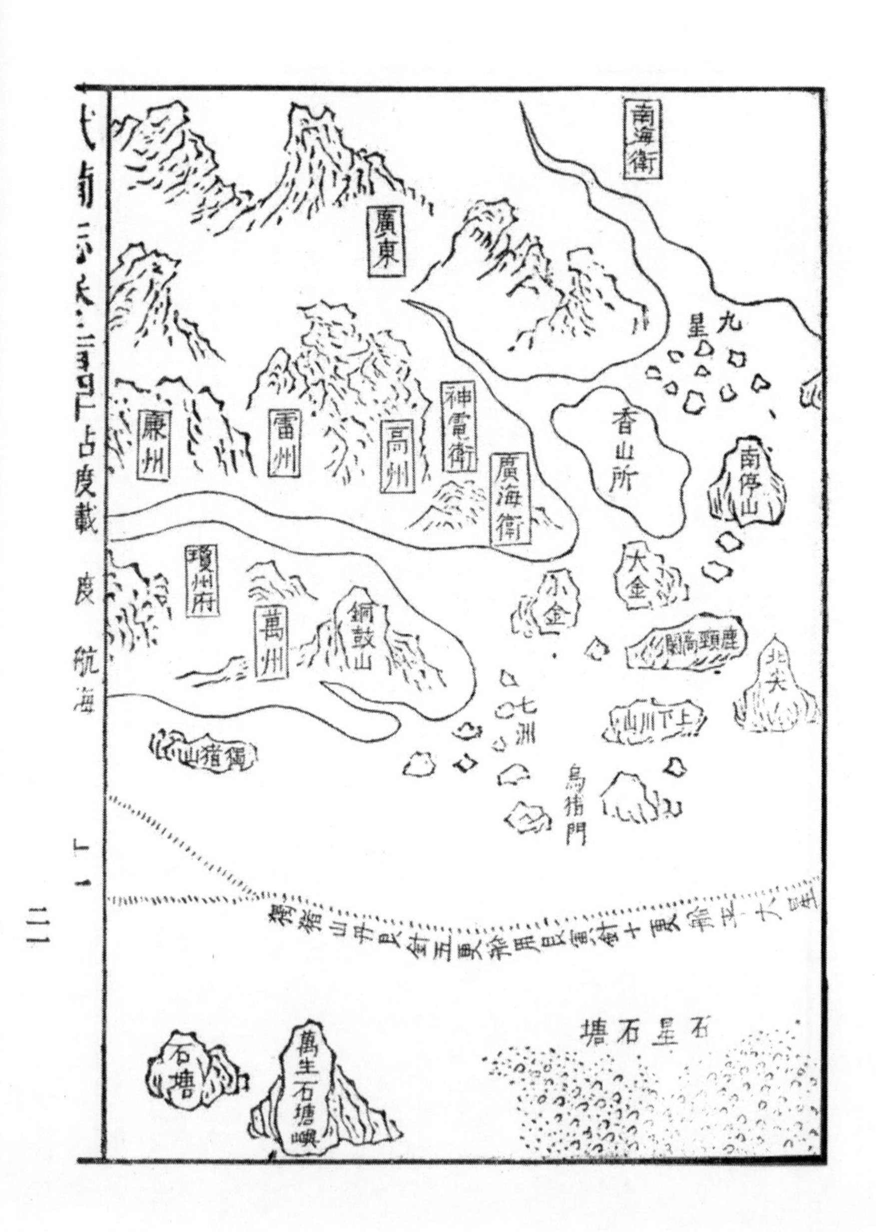
南海衛
廣東
九星
香山所
南亭山
神電衛
廣海衛
高州
雷州
廉州
瓊州府
萬州
銅鼓山
大金
小金
鹿頸高閣
北尖
上下川山
七洲
烏猪門
獨猪山
石星石塘
石塘
萬生石塘嶼

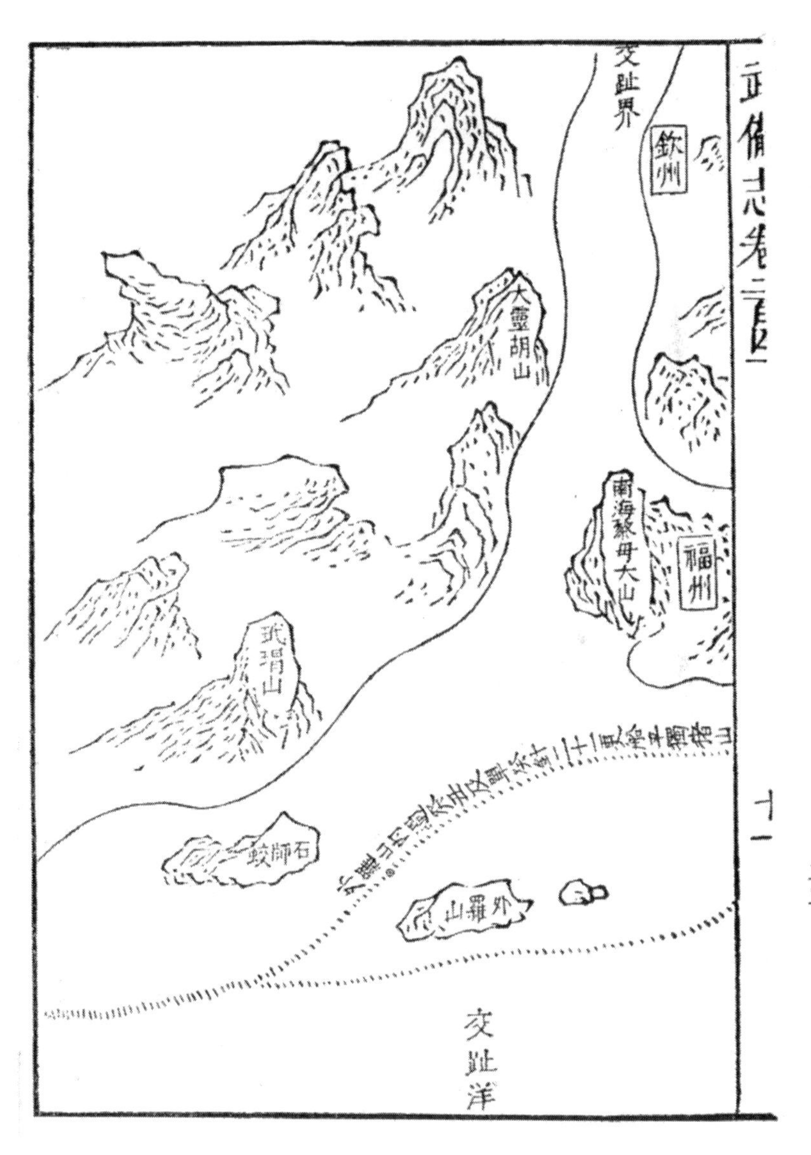
交趾界
欽州
大靈胡山
南海黎母大山
福州
玳瑁山
鮫師石
外羅山
交趾洋
十一
三

占城國
新洲港
白沙灣
棺塞山
青嶼
筊杯嶼
洋嶼

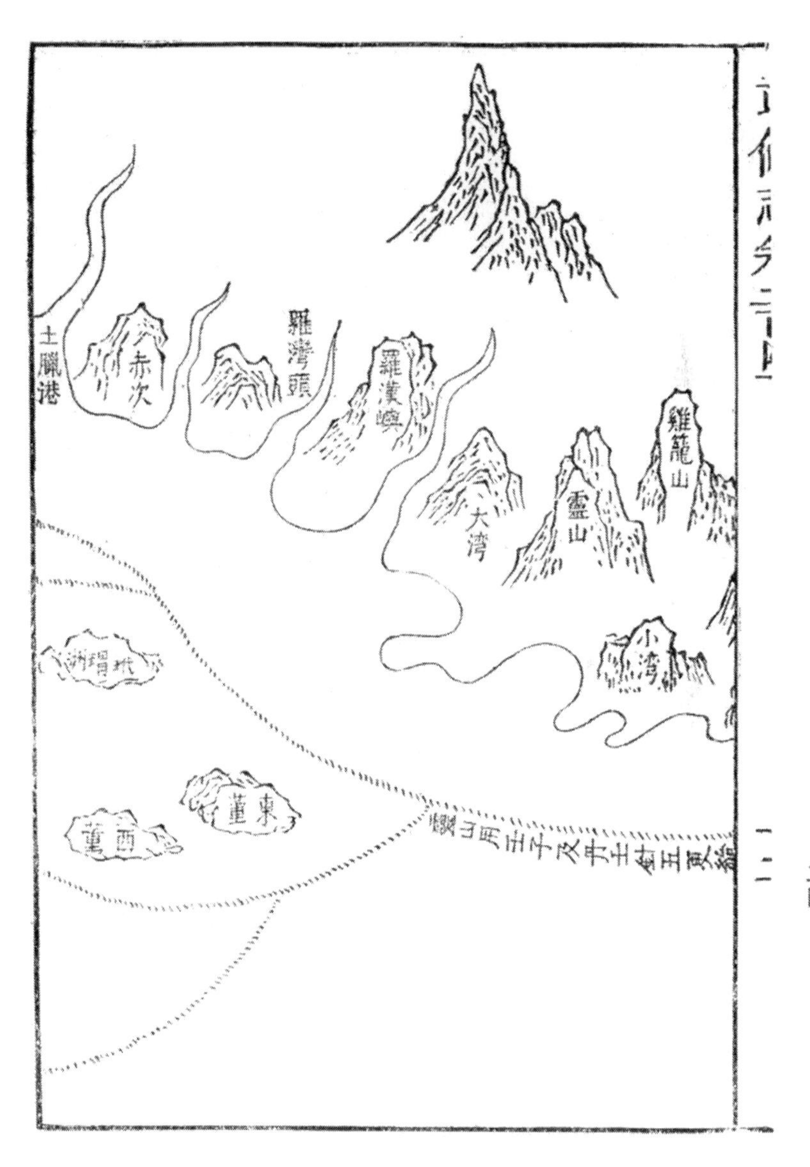

二四

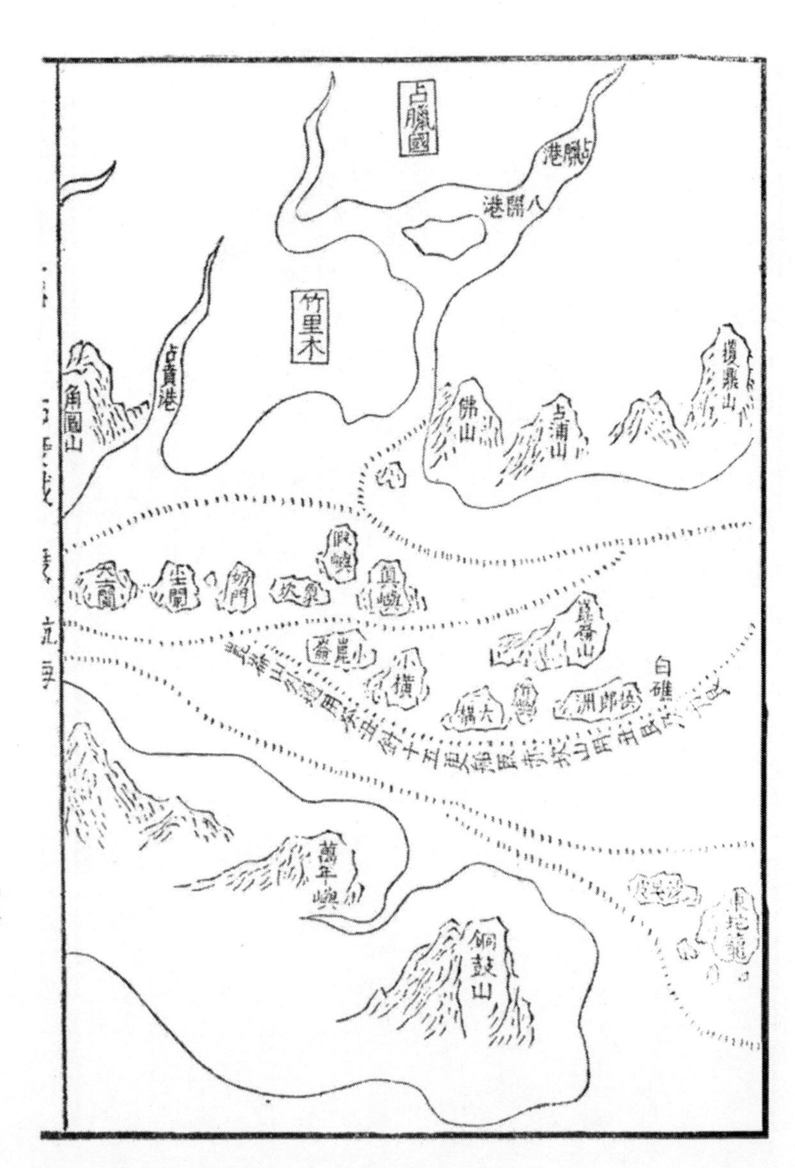
占臘國
占臘港
八關港
竹里木
占貢港
角圓山
佛山
占浦山
假嶼
眞嶼
小崑崙
小橫
大橫
白礁
萬年嶼
銅鼓山
二五

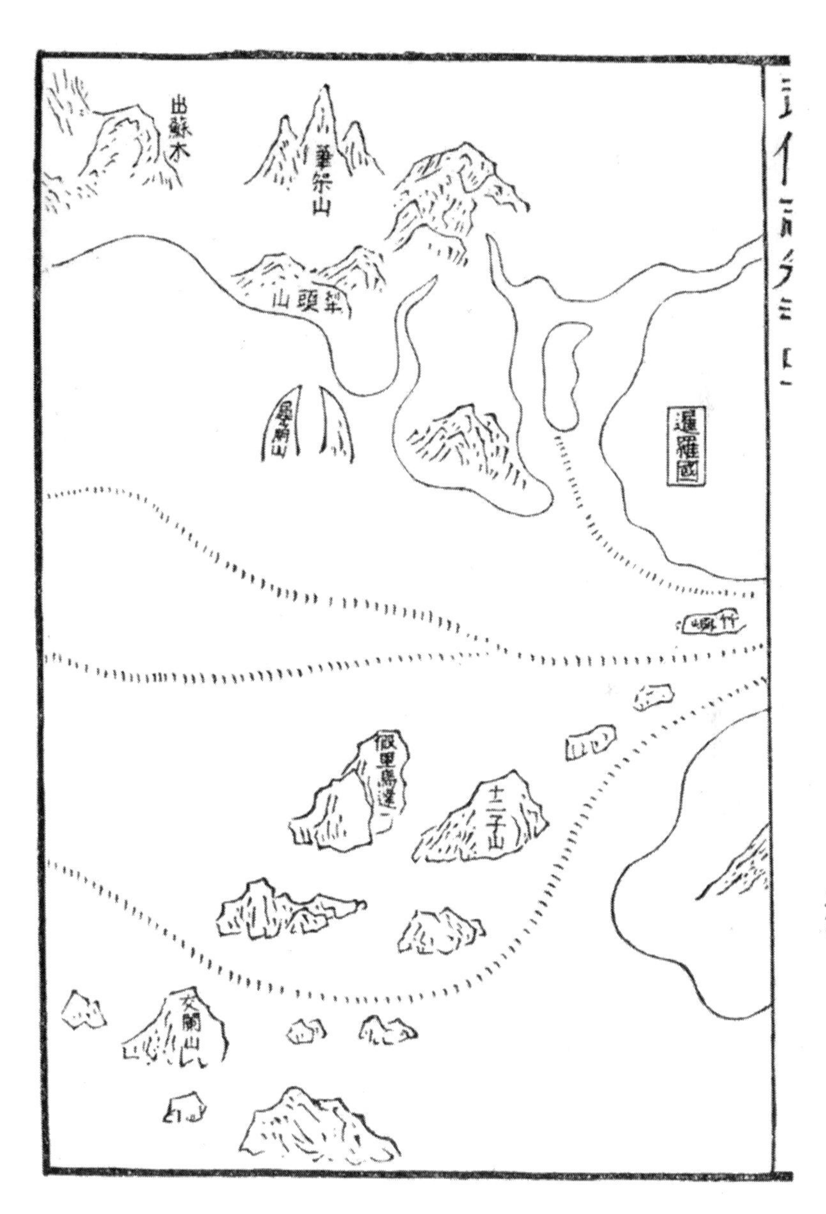
出蘇木
筆架山
羊頭山
暹羅國
十二子山
假里馬達
交蘭山

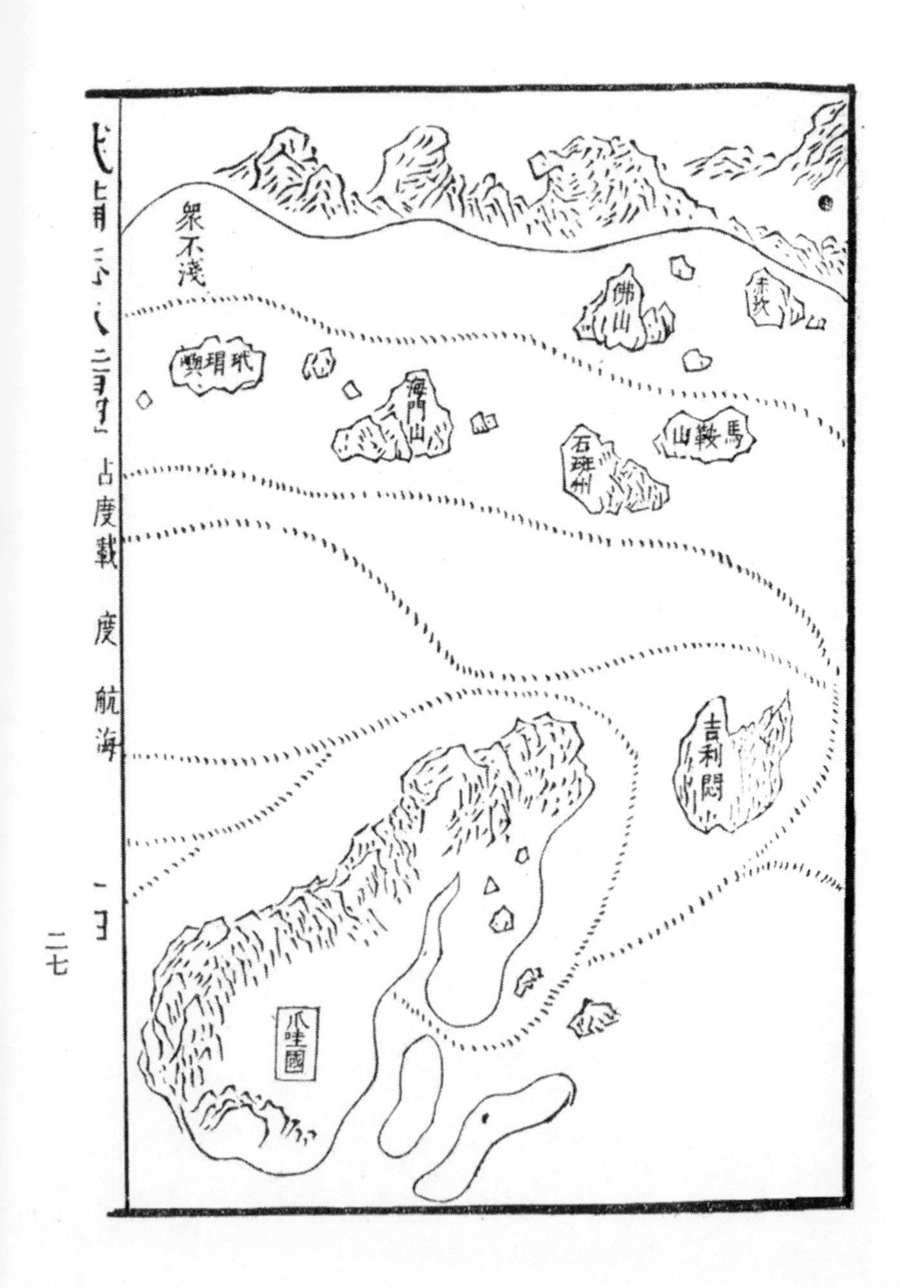
占度載
度
航海
二七
佛山
玳瑁嶼
海門山
馬鞍山
石碑州
吉利悶
爪哇國

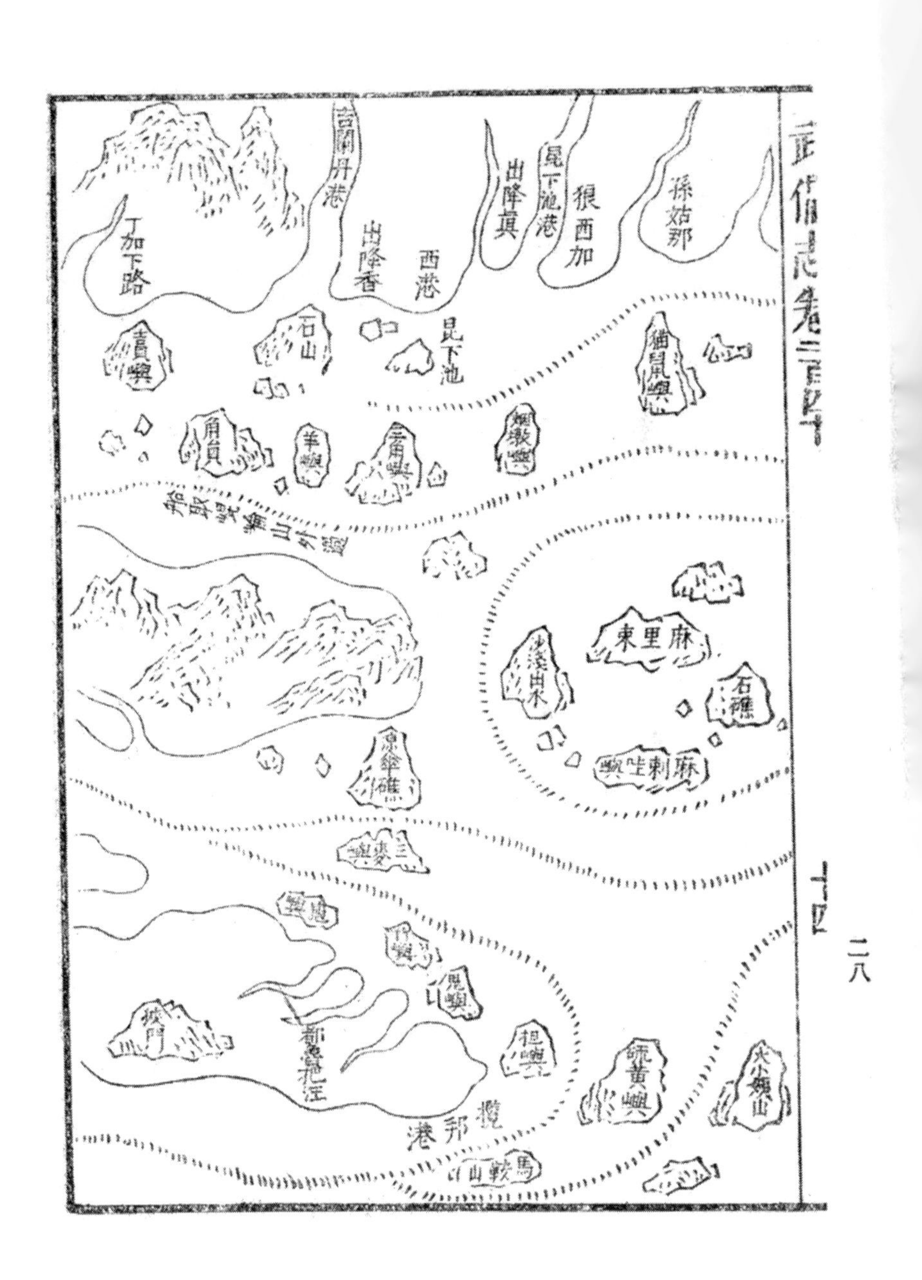

丁加下路
吉蘭丹港
出降香
西港
出降眞
崑下池港
狠西加
孫姑那
石山
昆下池
靑嶼
猫鼠嶼
角員
羊嶼
八角嶼
麻里東
淡水出
石礁
麻剌咋嶼
涼傘礁
三麥嶼
鬼嶼
拔門
覽邦港
馬鞍山
硫黃嶼
十四
二八

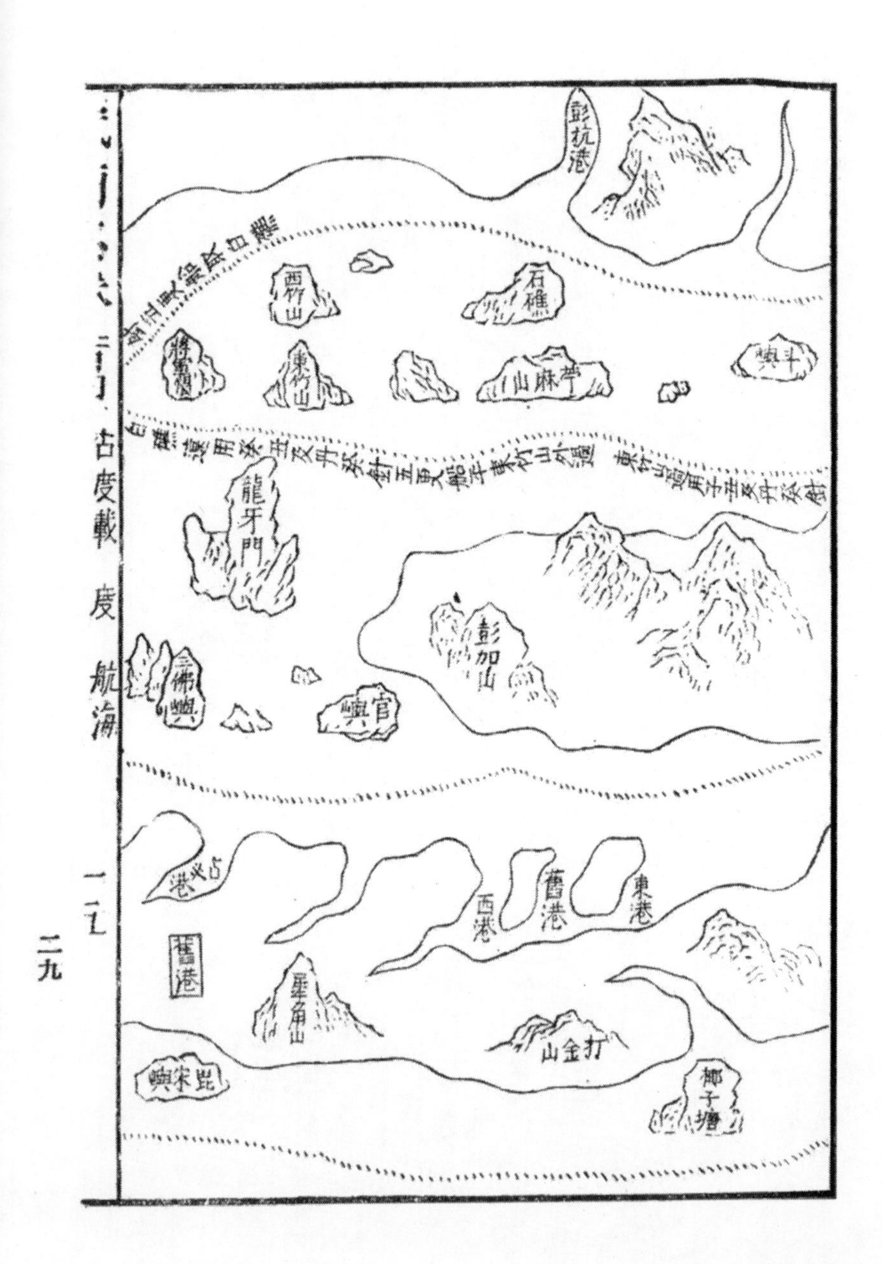
彭杭港
石礁
西竹山
東竹山
將軍帽
斗嶼
龍牙門
彭加山
官嶼
佛嶼
舊港
西港
東港
打金山
椰子塘
二九

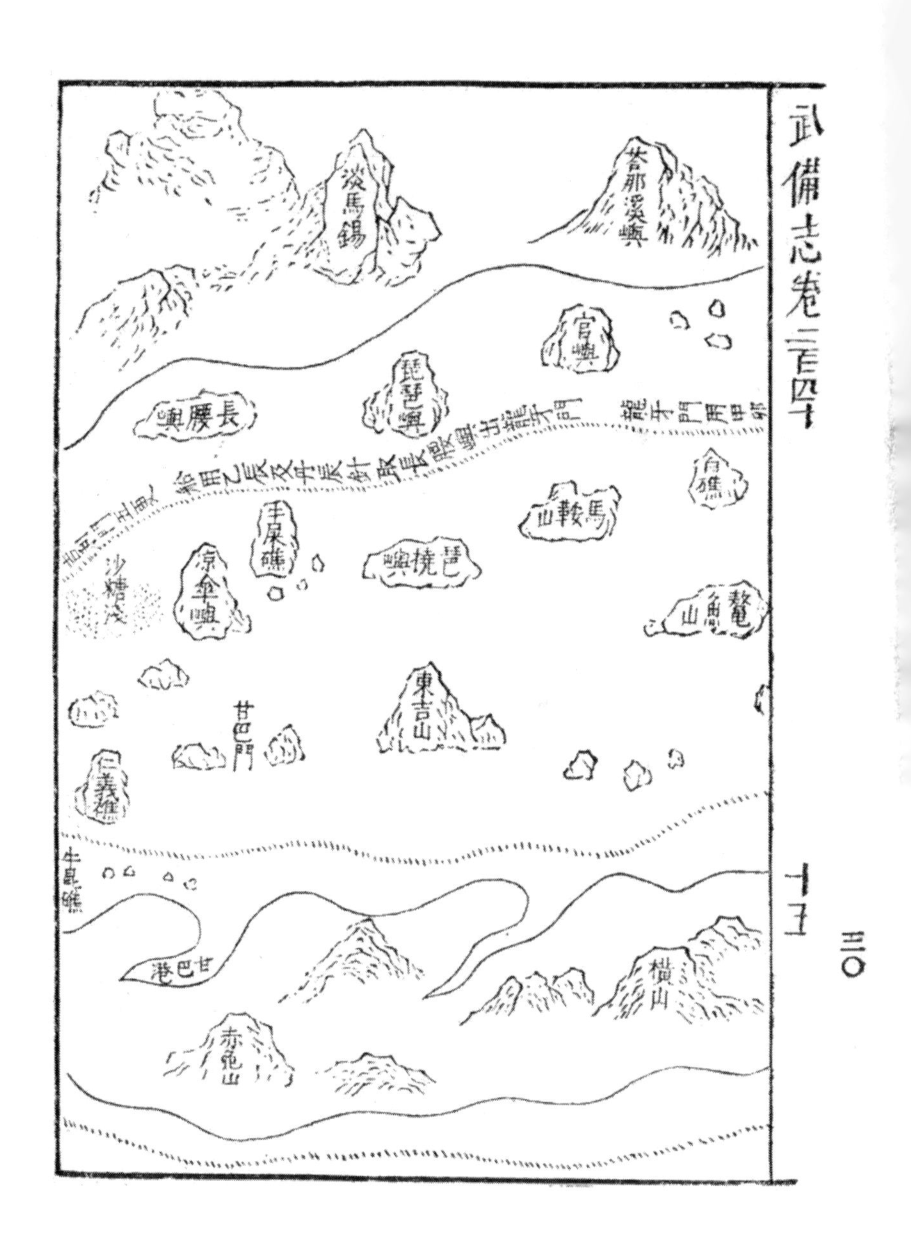

武備志卷二百四十
十五
三〇
淡馬錫
答那溪嶼
官嶼
琵琶嶼
長腰嶼
白礁
馬鞍山
涼傘嶼
沙糖淺
甘巴門
仁義礁
甘巴港
橫山

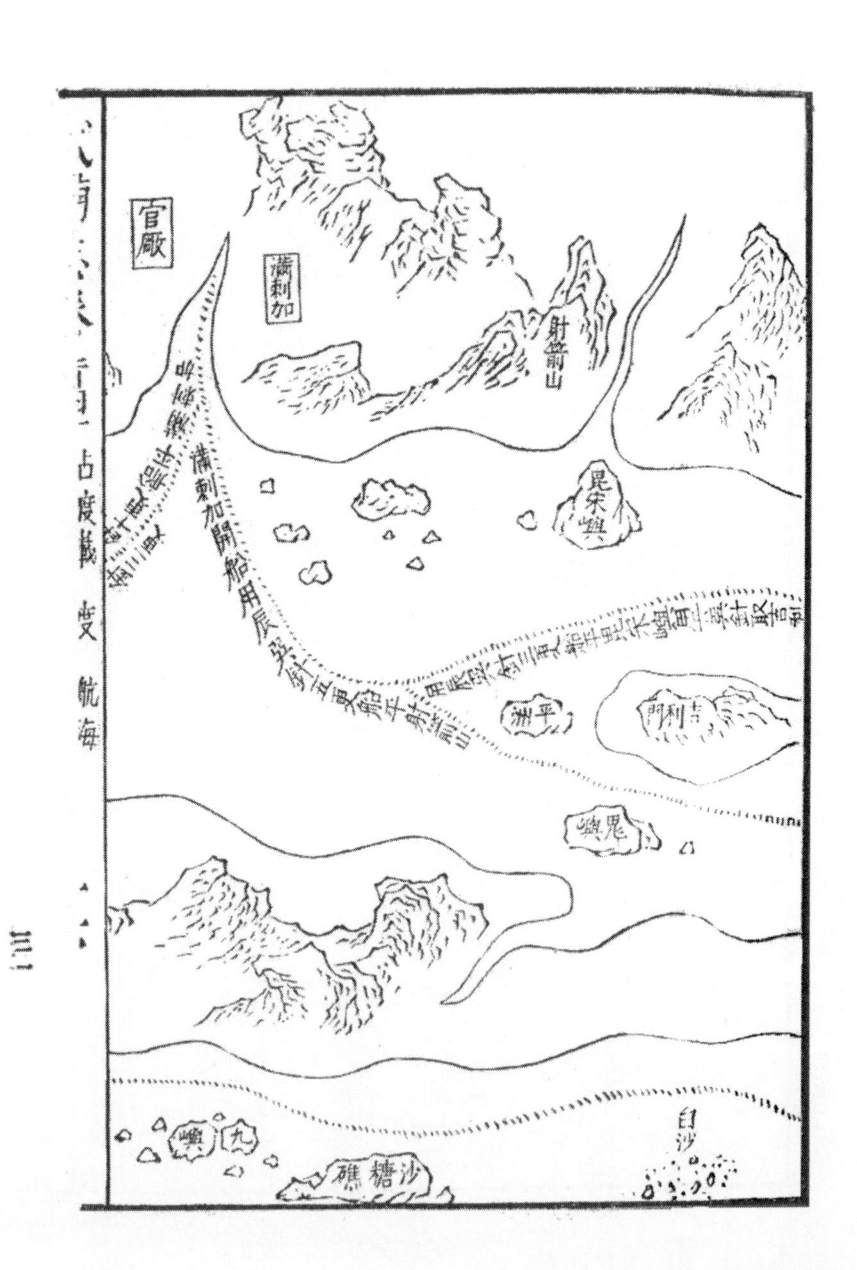
官廠
滿剌加
射箭山
崑宋嶼
平洲
吉利門
鬼嶼
九嶼
沙糖礁
白沙

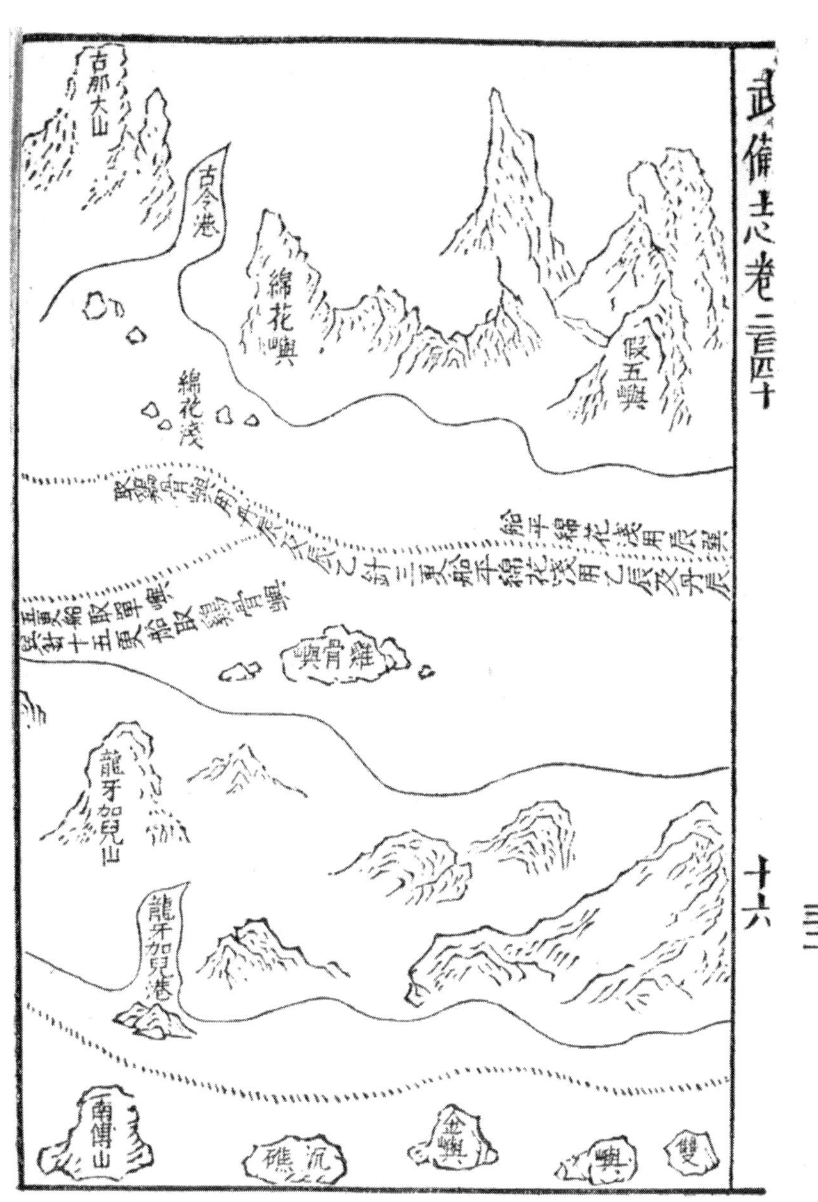
武備志卷二百四十
古那大山
古今港
綿花嶼
假五嶼
綿花淺
羅肖嶼
龍牙加兒山
龍牙加兒港
南傅山
沉礁
金嶼
雙嶼
十六
三三

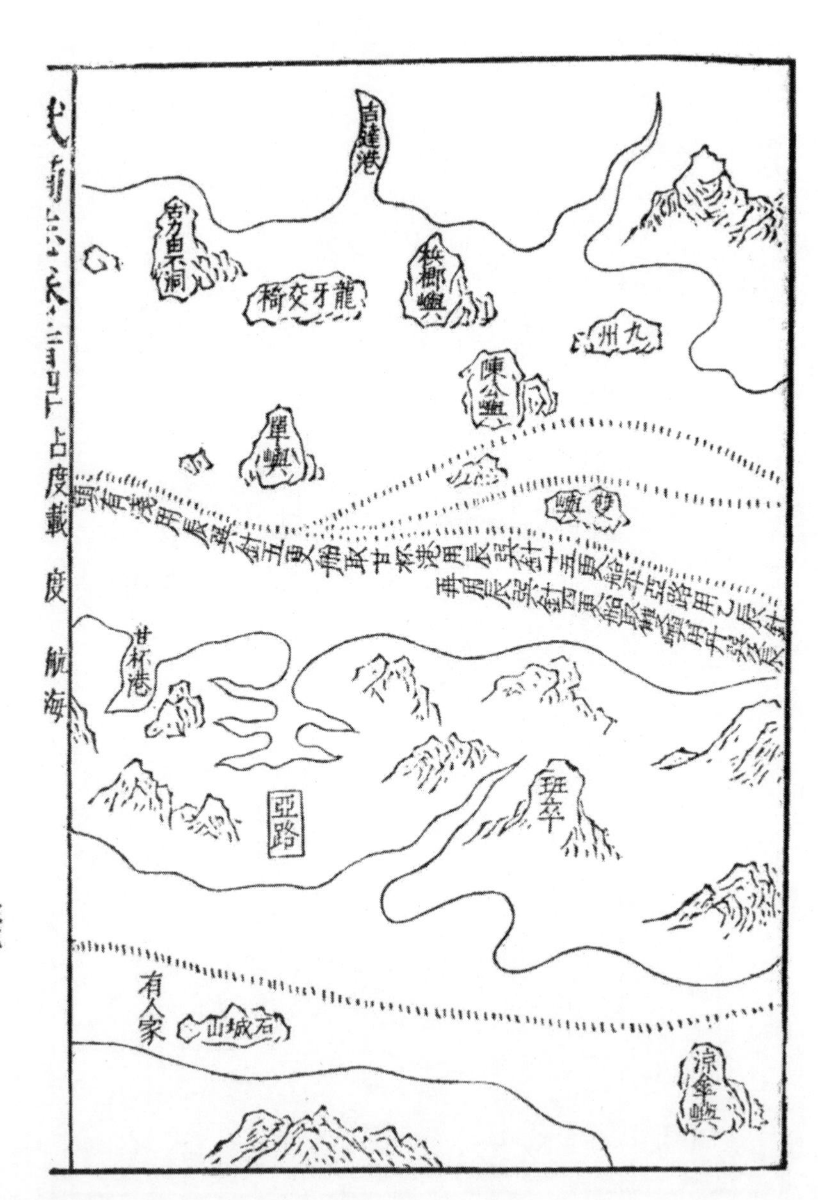
占度載 度 航海
龍牙交椅
檳榔嶼
九州
陳公嶼
單嶼
甘杯港
亞路
班卒
有人家
石城山
涼傘嶼

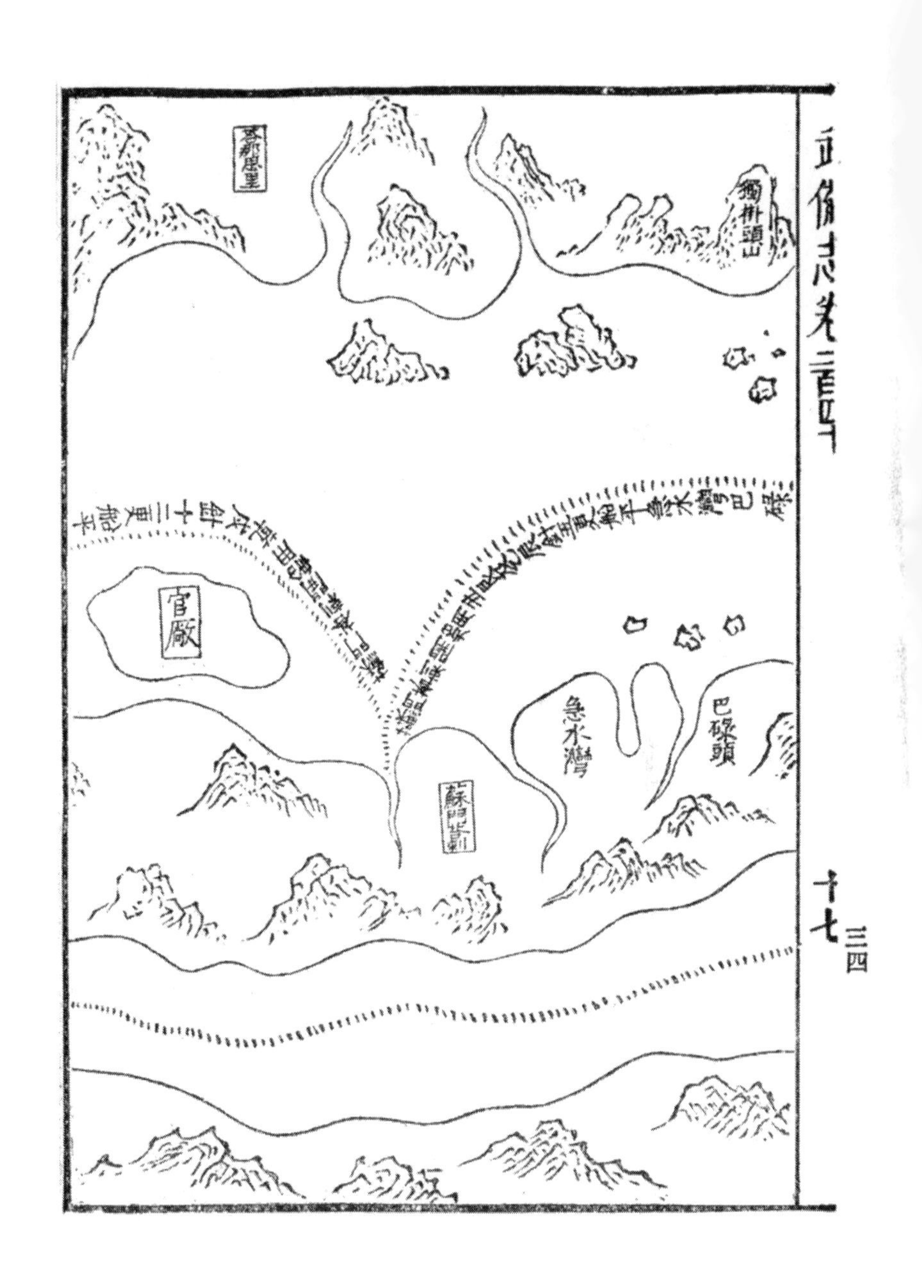
武備志卷二百四
官廠
急水灣
巴碌頭
十七
三四

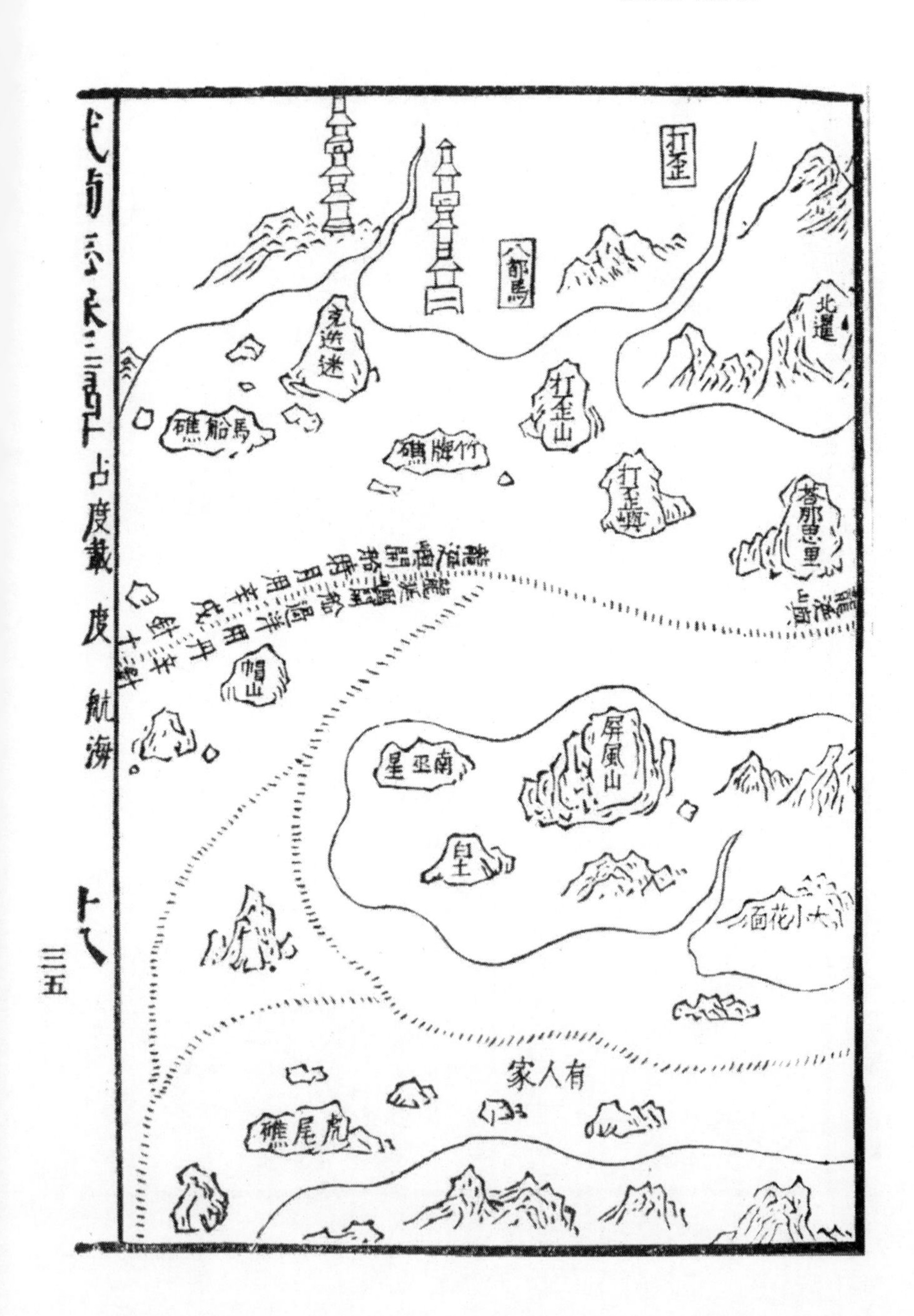
八都馬
北邏
馬船礁
竹牌礁
打歪山
帽山
屏風山
大小花面
有人家
虎尾礁

赤土山
落坑
鼉頭山
小莫山
大莫山
馬旺山
落坑山
安得蠻山
金嶼
羊頭山
翠蘭嶼
四十更船又用辛酉針五十更船見錫蘭山
龍涎嶼

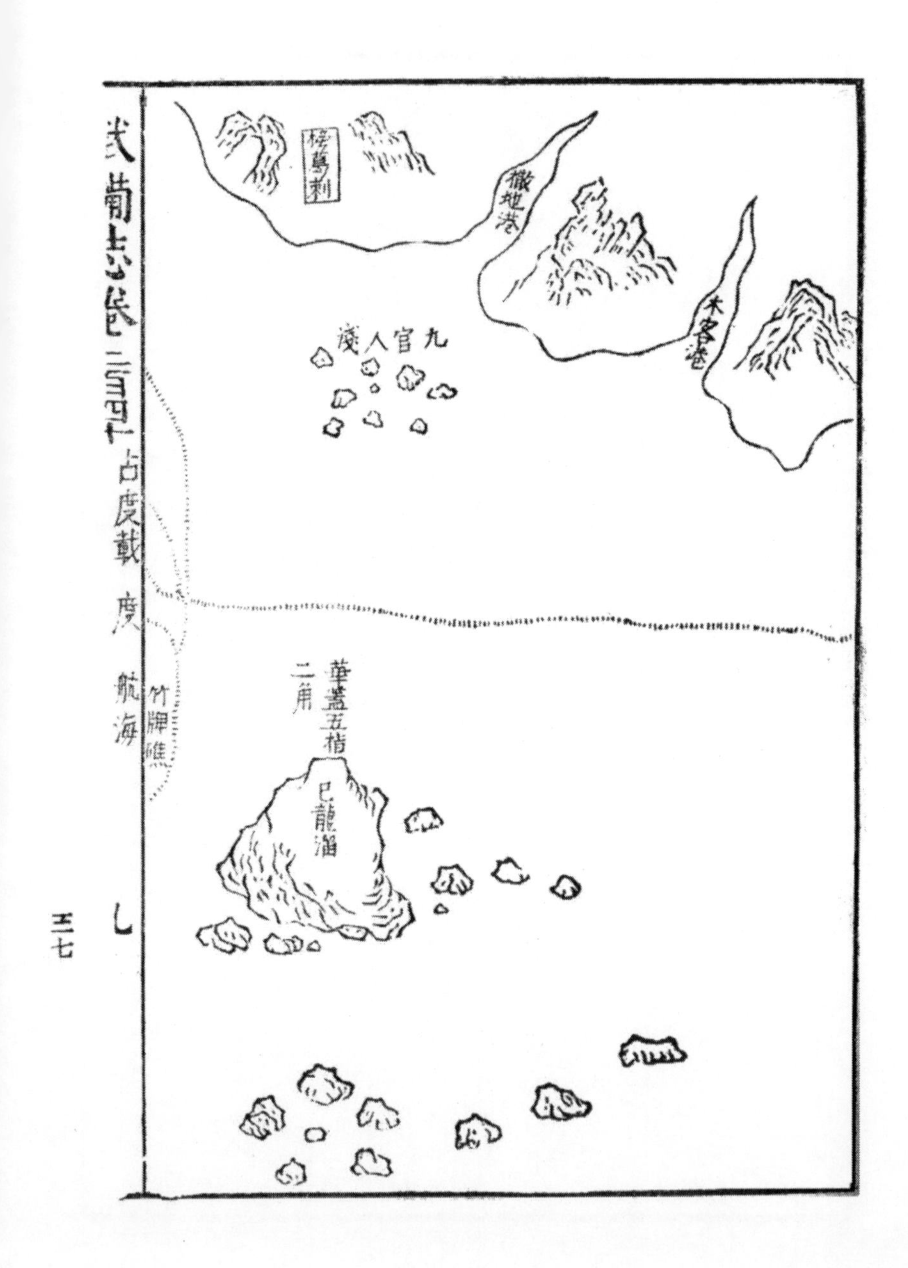
武備志　卷二百四十　占度載　度　航海
撒地港
木客港
竹牌礁
華蓋五指
二角
巴龍溜
三七

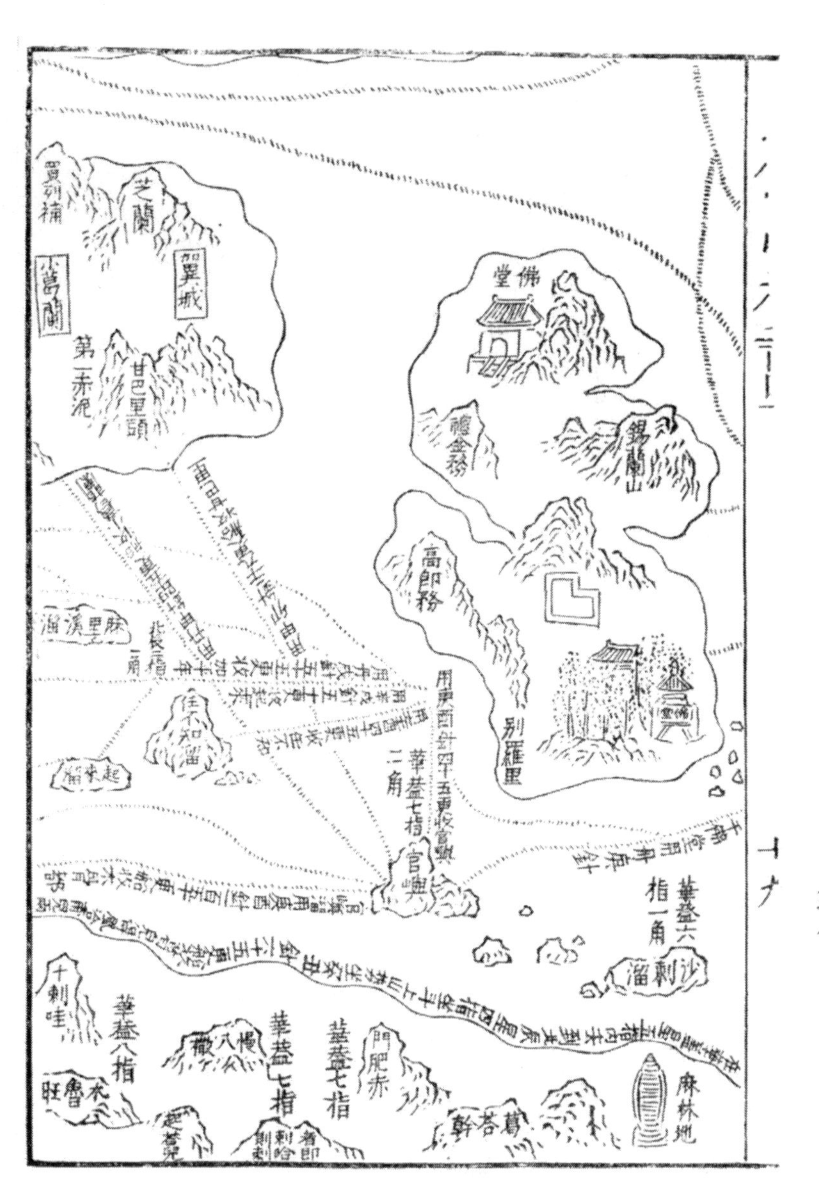

小葛蘭
第一赤泥
甘巴里頭
佛堂
錫蘭山
高郎務
別羅里
華蓋七指
官嶼
華蓋六指一角
沙剌溜
華蓋八指
門肥赤
麻林地
三八

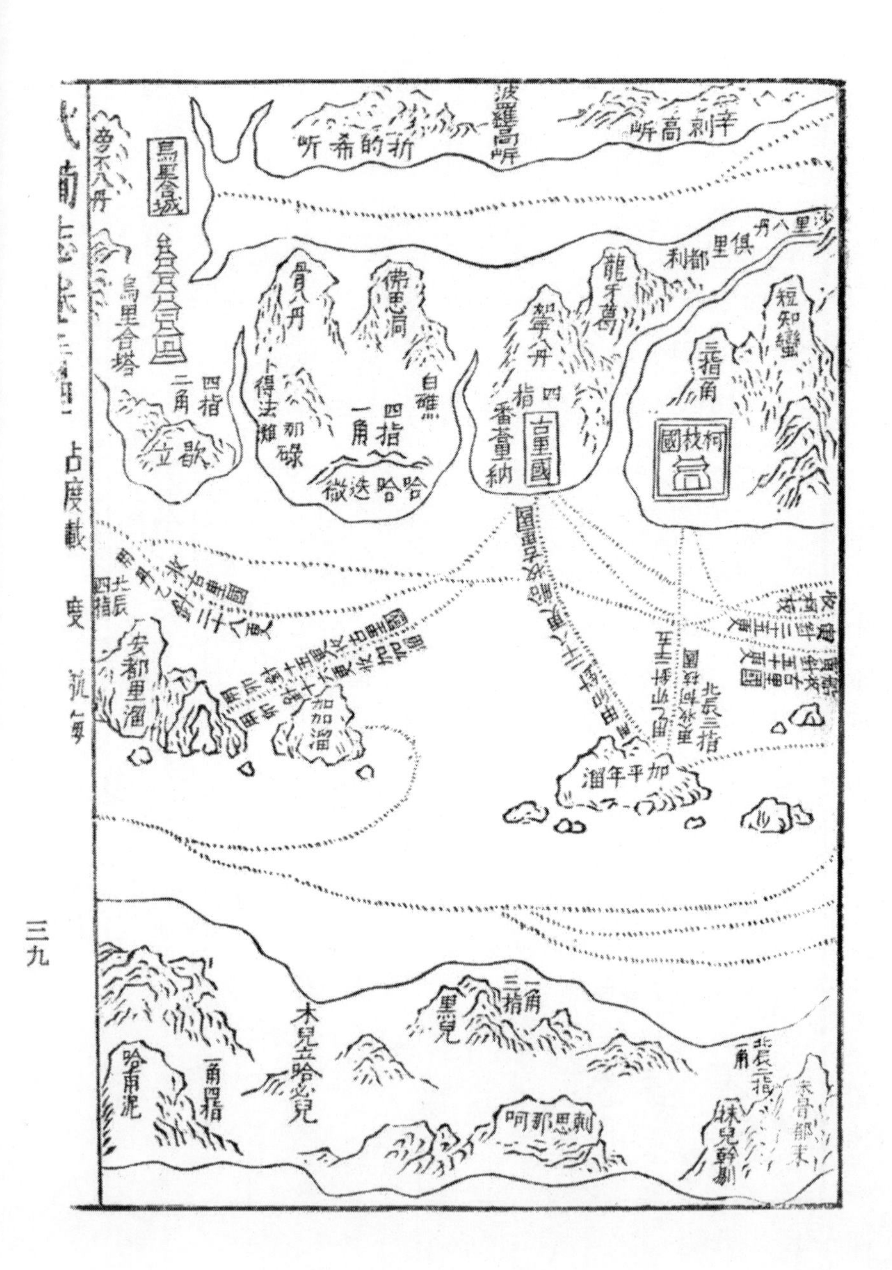
辛剌高峙
波羅高峙
烏里舍城
烏里舍塔
沙里八丹
龍牙葛
短知蠻
柯枝國
古里國
番董納
佛思洞
骨八丹
白礁
卜得法灘
歇立
安都里溜
加加溜
加平年溜
里覓
木兒立哈必兒
哈甫泥
剌思那呵
木骨都束
抹兒幹別

三九

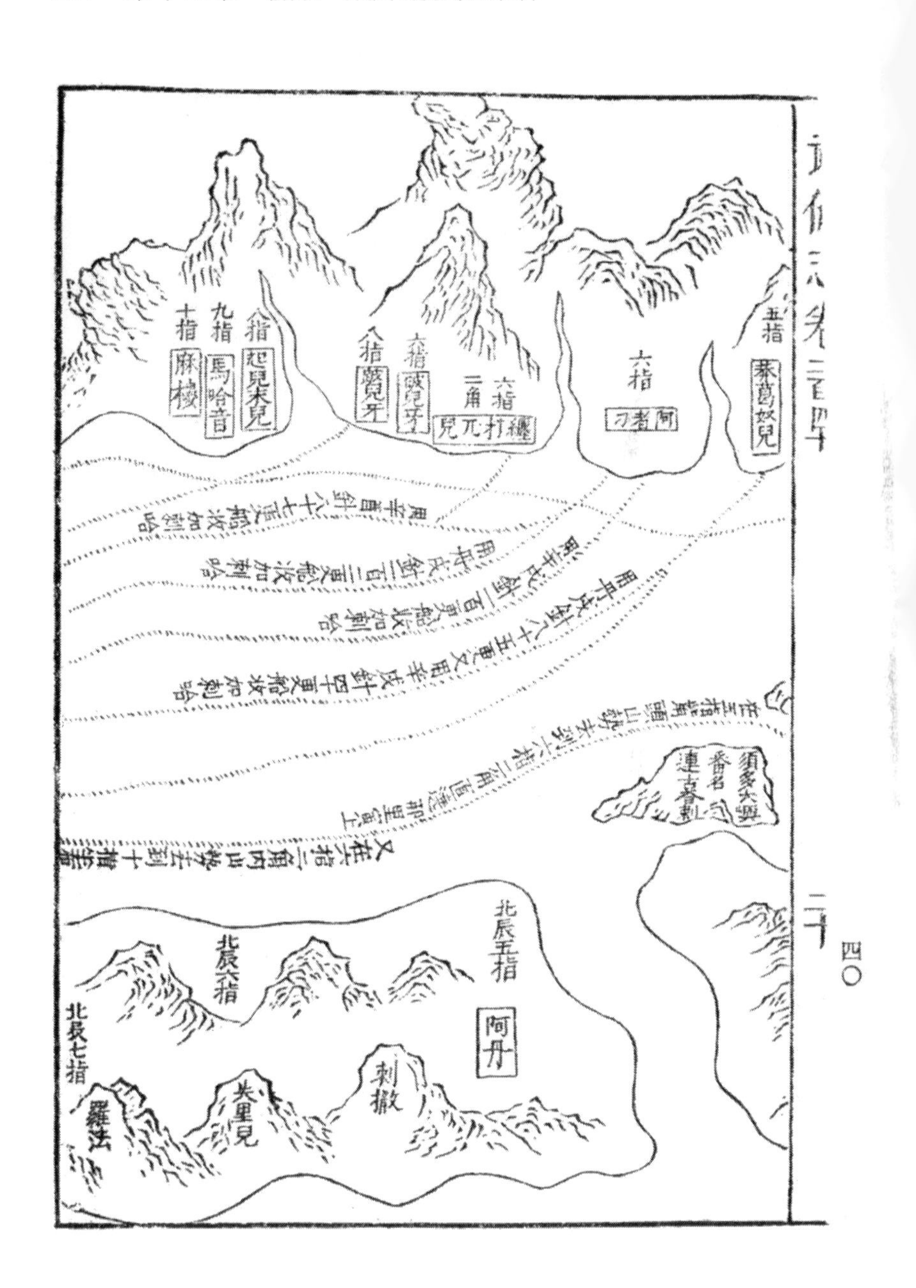
九指
馬哈音
十指
麻棱
八指
起兒未兒
八指
喝兒牙
六指
喝兒牙
三角
六指
纏打兀兒
六指
阿者刁
五指
葉葛奴兒
須多大嶼
番名
連古著剌
北辰五指
阿丹
北辰六指
北辰七指
羅法
失里兒
剌撒
四〇

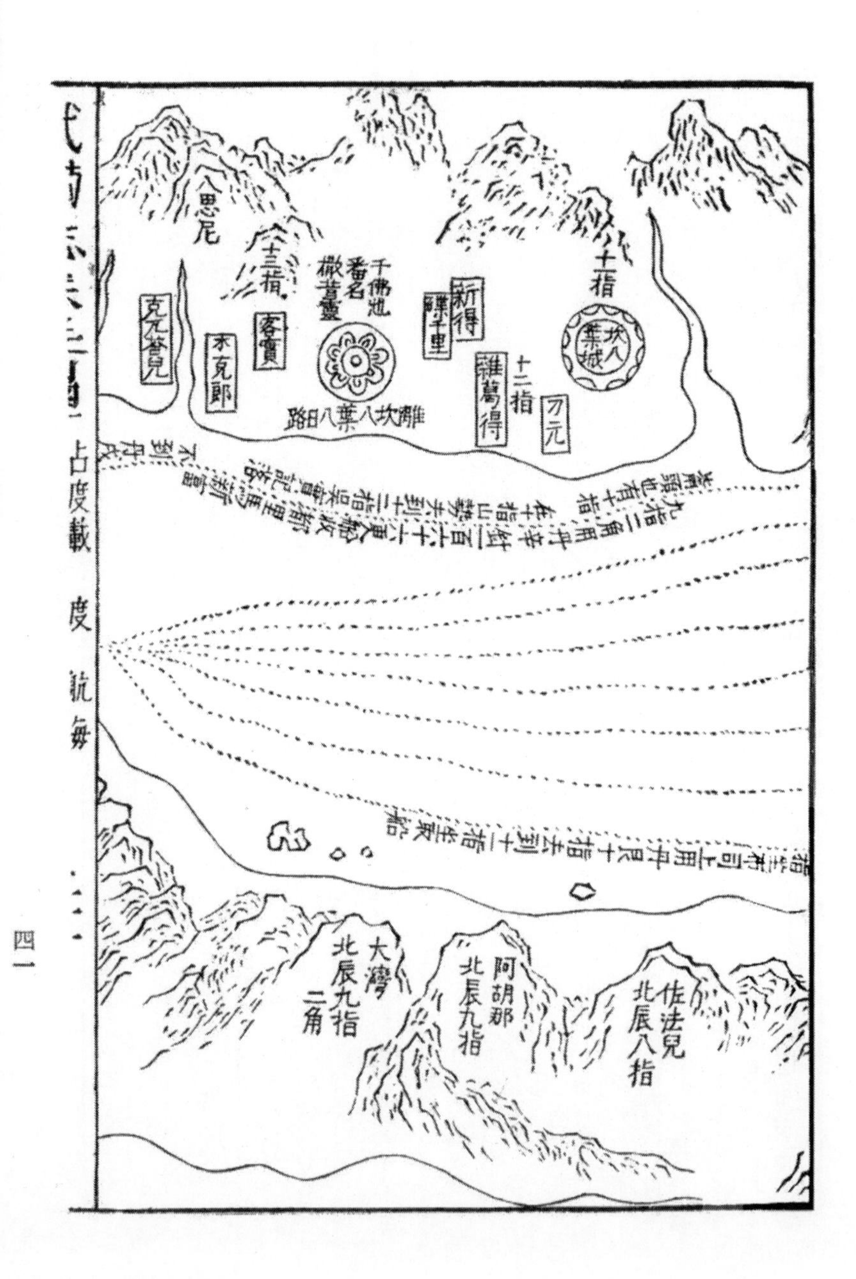

八思尼
十三指
客實
木克郎
新得
離千里
離葛得
十二指
刁元
十指
坎八葉城
離坎八葉八日路
占度載
度
航海
大灣
北辰九指
二角
阿胡那
北辰九指
佐法兒
北辰八指
四一

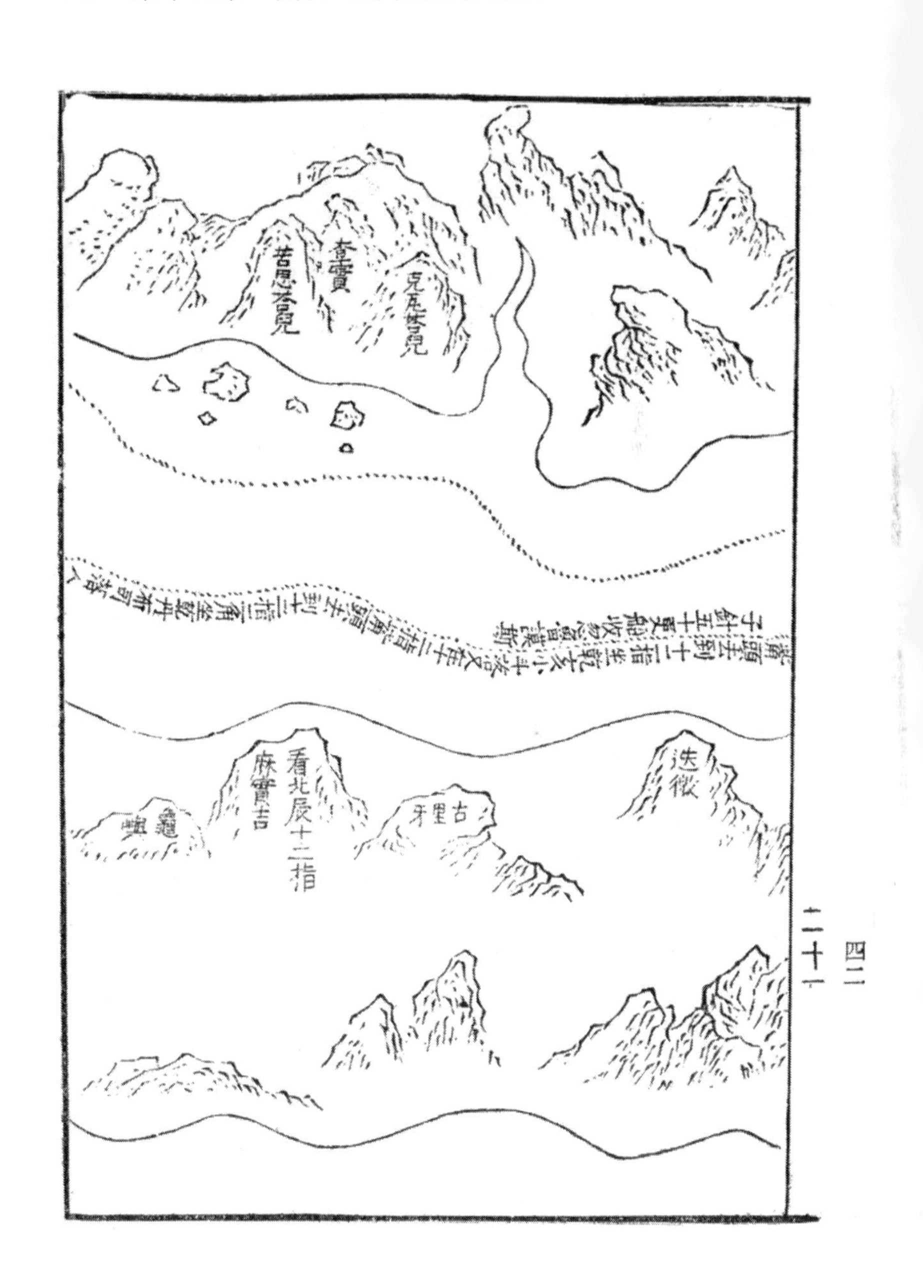
看北辰十二指
麻實吉
龜嶼
古里牙
迭微
四二

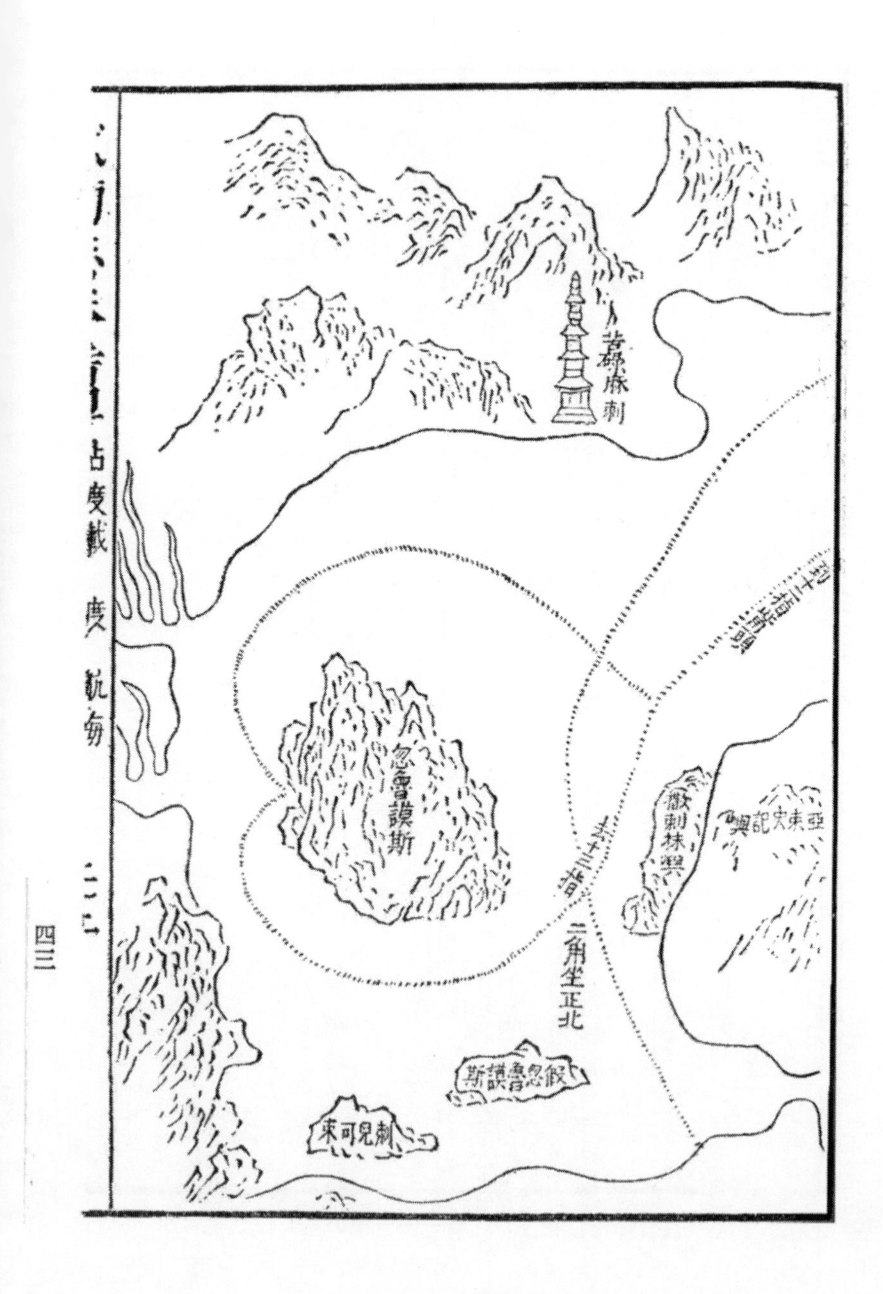
忽魯謨斯
假忽魯謨斯
剌兒可來
亞東宋記嶼
撒剌林嶼
二角坐正北

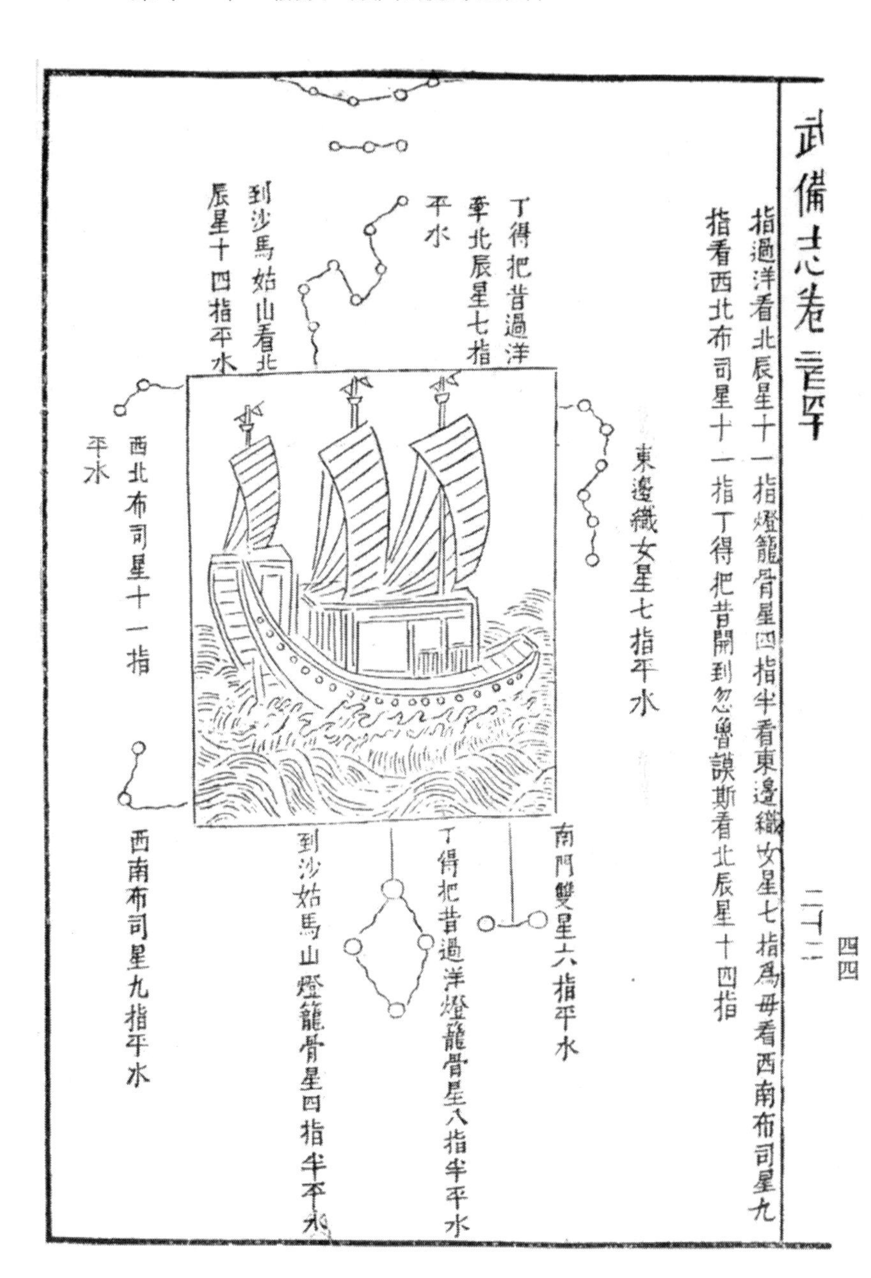
武備志卷二百四十
二十二
四四
指過洋看北辰星十一指燈籠骨星四指半看東邊織女星七指爲母看西南布司星九
指看西北布司星十一指丁得把昔開到忽魯謨斯看北辰星十四指
丁得把昔過洋牽北辰星七指平水
到沙馬姑山看北辰星十四指平水
東邊織女星七指平水
西北布司星十一指平水
南門雙星六指平水
丁得把昔過洋燈籠骨星八指半平水
到沙姑馬山燈籠骨星四指半平水
西南布司星九指平水

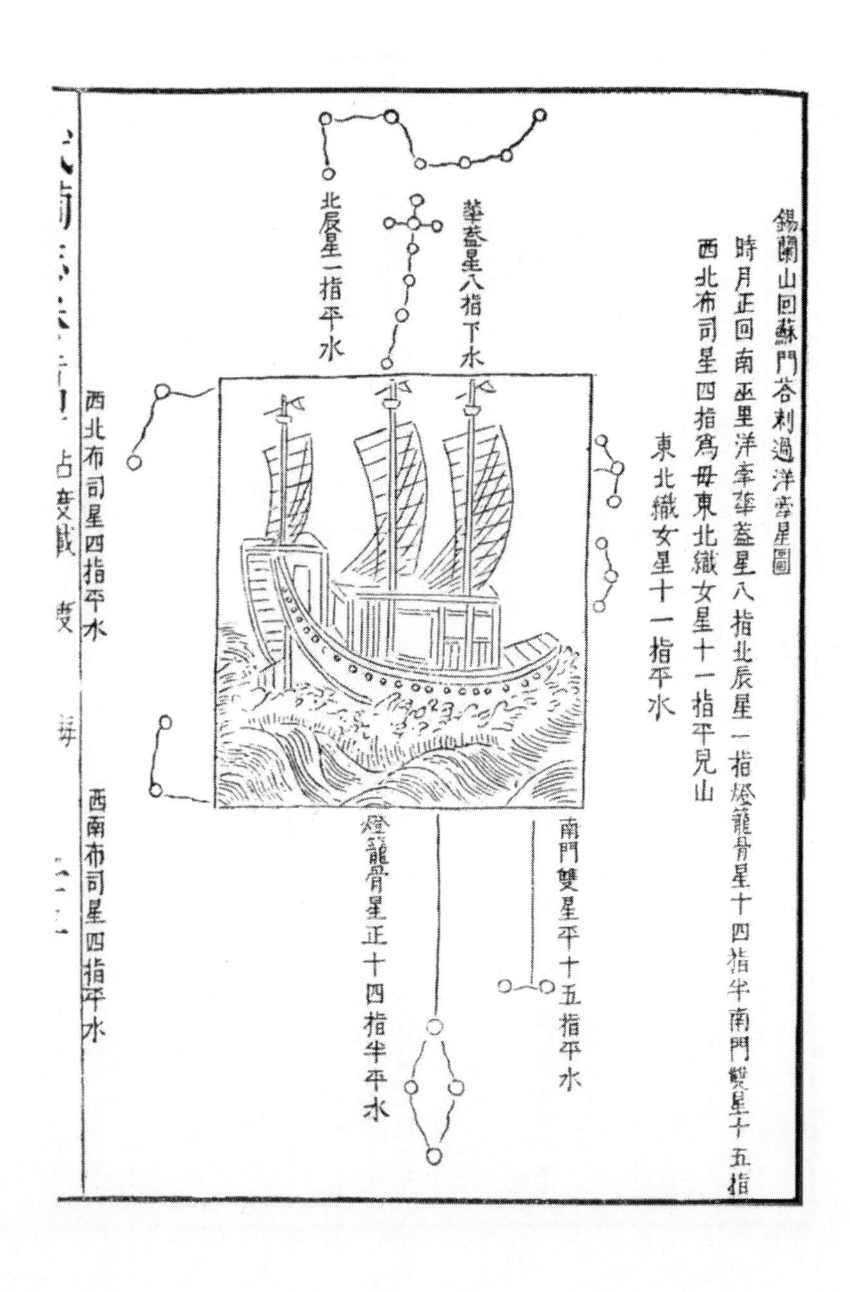
錫蘭山回蘇門荅剌過洋牽星圖
時月正回南巫里洋牵華蓋星八指北辰星一指燈籠骨星十四指半南門雙星十五指
西北布司星四指爲母東北織女星十一指平兒山
東北織女星十一指平水
華蓋星八指下水
北辰星一指平水
西北布司星四指平水
南門雙星平十五指平水
燈籠骨星正十四指半平水
西南布司星四指平水

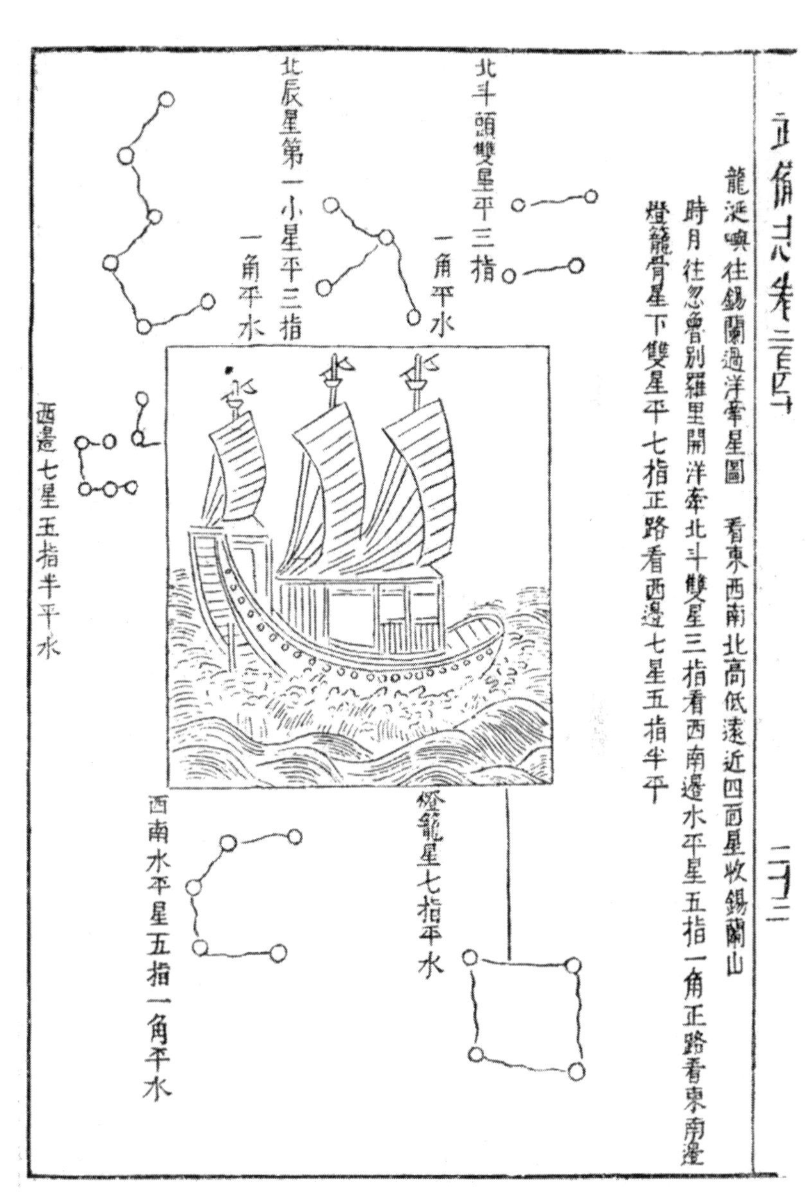
武備志卷二百四
龍涎嶼往錫蘭過洋牽星圖　看東西南北高低遠近四面星收錫蘭山
時月往忽魯別羅里開洋牽北斗雙星三指看西南邊水平星五指一角正路看東南邊
燈籠骨星下雙星平七指正路看西邊七星五指半平
北斗頭雙星平三指
一角平水
北辰星第一小星平三指
一角平水
西邊七星五指半平水
西南水平星五指一角平水
燈籠星七指平水
二十二
四六

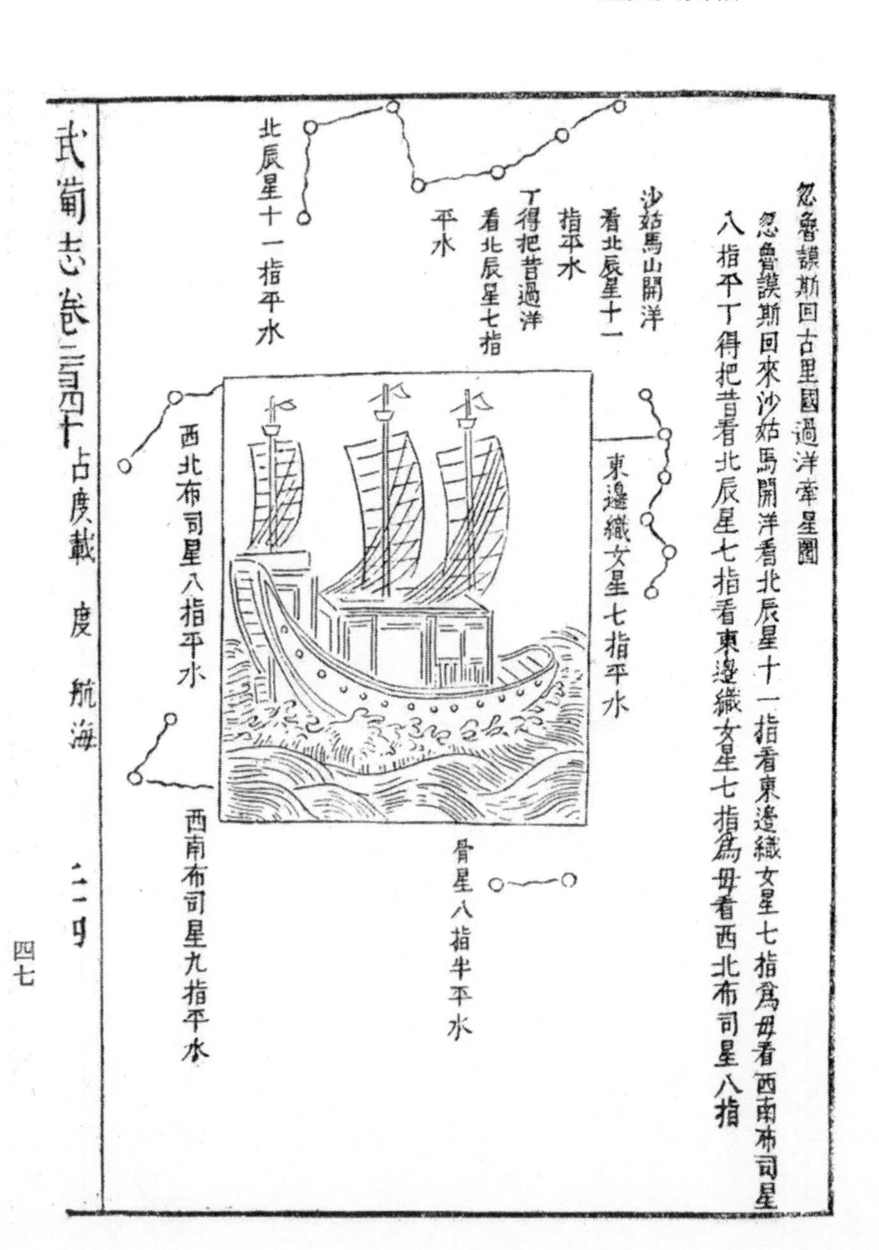
忽魯謨斯回古里國過洋牽星圖
忽魯謨斯回來沙姑馬開洋看北辰星十一指看東邊織女星七指爲母看西南布司星八指平丁得把昔看北辰星七指看東邊織女星七指爲母看西北布司星八指
沙姑馬山開洋看北辰星十一指平水
丁得把昔過洋看北辰星七指平水
北辰星十一指平水
東邊織女星七指平水
西北布司星八指平水
西南布司星九指平水
骨星八指半平水
武備志卷二百四十　占度載　度　航海
四七

陳福成著作全編總目

壹、兩岸關係

①決戰閏八月
②防衛大台灣
③解開兩岸十大弔詭
④大陸政策與兩岸關係

貳、國家安全

⑤國家安全與情治機關的弔詭
⑥國家安全與戰略關係
⑦國家安全論壇。

參、中國學四部曲

⑧中國歷代戰爭新詮
⑨中國近代黨派發展研究新詮
⑩中國政治思想新詮
⑪中國四大兵法家新詮：孫子、吳起、孫臏、孔明

肆、歷史、人類、文化、宗教、會黨

⑫神劍與屠刀
⑬中國神譜
⑭天帝教的中華文化意涵
⑮奴婢妾匪到革命家之路：復興廣播電台謝雪紅訪講錄
⑯洪門、青幫與哥老會研究

伍、詩〈現代詩、傳統詩〉、文學

⑰幻夢花開一江山
⑱赤縣行腳・神州心旅
⑲「外公」與「外婆」的詩
⑳尋找一座山
㉑春秋記實
㉒性情世界
㉓春秋詩選
㉔八方風雲性情世界
㉕古晟的誕生
㉖把腳印典藏在雲端
㉗從魯迅文學醫人魂救國魂說起
㉘六十後詩雜記詩集

陸、現代詩（詩人、詩社）研究

㉙三月詩會研究
㉚我們的春秋大業：三月詩會二十年別集
㉛中國當代平民詩人王學忠
㉜讀詩稗記
㉝嚴謹與浪漫之間
㉞一信詩學研究：解剖一隻九頭詩鵠
㉟囚徒
㊱胡爾泰現代詩臆說
㊲王學忠籲天詩錄

柒、春秋典型人物研究、遊記

㊳山西芮城劉焦智「鳳梅人」報研究
㊴在「鳳梅人」小橋上
㊵我所知道的孫大公

㊶為中華民族的生存發展進百書疏
㊷金秋六人行
㊸漸凍勇士陳宏

捌、小說、翻譯小說

㊹迷情・奇謀・輪迴、
㊺愛倫坡恐怖推理小說

玖、散文、論文、雜記、詩遊記、人生小品

㊻一個軍校生的台大閒情
㊼古道・秋風・瘦筆
㊽頓悟學習
㊾春秋正義
㊿公主與王子的夢幻、
(51)洄游的鮭魚
(52)男人和女人的情話真話
(53)台灣邊陲之美
(54)最自在的彩霞
(55)梁又平事件後

拾、回憶錄體

(56)五十不惑
(57)我的革命檔案
(58)台大教官興衰錄
(59)迷航記、
(60)最後一代書寫的身影
(61)我這輩子幹了什麼好事
(62)那些年我們是這樣寫情書的
(63)那些年我們是這樣談戀愛的
(64)台灣大學退休人員聯誼會第九屆理事長記實

拾壹、兵學、戰爭

(65)孫子實戰經驗研究
(66)第四波戰爭開山鼻祖賓拉登

拾貳、政治研究

(67)政治學方法論概說
(68)西洋政治思想史概述
(69)中國全民民主統一會北京行
(70)尋找理想國：中國式民主政治研究要綱

拾參、中國命運、喚醒國魂

(71)大浩劫後：日本311天譴說
日本問題的終極處理
(72)台大逸仙學會

拾肆、地方誌、地區研究

(73)台北公館台大地區考古・導覽
(74)台中開發史
(75)台北的前世今生
(76)台北公館地區開發史

拾伍、其他

(77)英文單字研究
(78)與君賞玩天地寬（文友評論）
(79)非常傳銷學
(80)新領導與管理實務

2015 年 9 月後新著

編號	書　　名	出版社	出版時間	定價	字數(萬)	內容性質
81	一隻菜鳥的學佛初認識	文史哲	2015.09	460	12	學佛心得
82	海青青的天空	文史哲	2015.09	250	6	現代詩評
83	為播詩種與莊雲惠詩作初探	文史哲	2015.11	280	5	童詩、現代詩評
84	世界洪門歷史文化協會論壇	文史哲	2016.01	280	6	洪門活動紀錄
85	三搞統一：解剖共產黨、國民黨、民進黨怎樣搞統一	文史哲	2016.03	420	13	政治、統一
86	緣來艱辛非尋常－賞讀范揚松仿古體詩稿	文史哲	2016.04	400	9	詩、文學
87	大兵法家范蠡研究－商聖財神陶朱公傳奇	文史哲	2016.06	280	8	范蠡研究
88	典藏斷滅的文明：最後一代書寫身影的告別紀念	文史哲	2016.08	450	8	各種手稿
89	葉莎現代詩研究欣賞：靈山一朵花的美感	文史哲	2016.08	220	6	現代詩評
90	臺灣大學退休人員聯誼會第十屆理事長實記暨2015～2016 重要事件簿	文史哲	2016.04	400	8	日記
91	我與當代中國大學圖書館的因緣	文史哲	2017.04	300	5	紀念狀
92	廣西參訪遊記（編著）	文史哲	2016.10	300	6	詩、遊記
93	中國鄉土詩人金土作品研究	文史哲	2017.12	420	11	文學研究
94	暇豫翻翻《揚子江》詩刊：蟾蜍山麓讀書瑣記	文史哲	2018.02	320	7	文學研究
95	我讀上海《海上詩刊》：中國歷史園林豫園詩話瑣記	文史哲	2018.03	320	6	文學研究
96	天帝教第二人間使命：上帝加持中國統一之努力	文史哲	2018.03	460	13	宗教
97	范蠡致富研究與學習：商聖財神之實務與操作	文史哲	2018.06	280	8	文學研究
98	光陰簡史：我的影像回憶錄現代詩集	文史哲	2018.07	360	6	詩、文學
99	光陰考古學：失落圖像考古現代詩集	文史哲	2018.08	460	7	詩、文學
100	鄭雅文現代詩之佛法衍繹	文史哲	2018.08	240	6	文學研究
101	林錫嘉現代詩賞析	文史哲	2018.08	420	10	文學研究
102	現代田園詩人許其正作品研析	文史哲	2018.08	520	12	文學研究
103	莫渝現代詩賞析	文史哲	2018.08	320	7	文學研究
104	陳寧貴現代詩研究	文史哲	2018.08	380	9	文學研究
105	曾美霞現代詩研析	文史哲	2018.08	360	7	文學研究
106	劉正偉現代詩賞析	文史哲	2018.08	400	9	文學研究
107	陳福成著作述評：他的寫作人生	文史哲	2018.08	420	9	文學研究
108	舉起文化使命的火把：彭正雄出版及交流一甲子	文史哲	2018.08	480	9	文學研究
109	我讀北京《黃埔》雜誌的筆記	文史哲	2018.10	400	9	文學研究
110	北京天津廊坊參訪紀實	文史哲	2019.12	420	8	遊記
111	觀自在綠蒂詩話：無住生詩的漂泊詩人	文史哲	2019.12	420	14	文學研究
112	中國詩歌墾拓者海青青：《牡丹園》和《中原歌壇》	文史哲	2020.06	580	6	詩、文學
113	走過這一世的證據：影像回顧現代詩集	文史哲	2020.06	580	6	詩、文學

114	這一是我們同路的證據：影像回顧現代詩題集	文史哲	2020.06	540	6	詩、文學
115	感動世界：感動三界故事詩集	文史哲	2020.06	360	4	詩、文學
116	印加最後的獨白：蟾蜍山萬盛草齋詩稿	文史哲	2020.06	400	5	詩、文學
117	台大遺境：失落圖像現代詩題集	文史哲	2020.09	580	6	詩、文學
118	中國鄉土詩人金土作品研究反響選集	文史哲	2020.10	360	4	詩、文學
119	夢幻泡影：金剛人生現代詩經	文史哲	2020.11	580	6	詩、文學
120	范蠡完勝三十六計：智謀之理論與全方位實務操作	文史哲	2020.11	880	39	戰略研究
121	我與當代中國大學圖書館的因緣（三）	文史哲	2021.01	580	6	詩、文學
122	這一世我們乘佛法行過神州大地：生身中國人的難得與光榮史詩	文史哲	2021.03	580	6	詩、文學
123	地瓜最後的獨白：陳福成長詩集	文史哲	2021.05	240	3	詩、文學
124	甘薯史記：陳福成超時空傳奇長詩劇	文史哲	2021.07	320	3	詩、文學
125	這一世只做好一件事：為中華民族留下一筆文化公共財	文史哲	2021.09	380	6	人生記事
126	龍族魂：陳福成籲天錄詩集	文史哲	2021.09	380	6	詩、文學
127	歷史與真相	文史哲	2021.09	320	6	歷史反省

陳福成國防通識課程著編及其他作品

（各級學校教科書及其他）

編號	書　　　名	出版社	教育部審定
1	國家安全概論（大學院校用）	幼　獅	民國 86 年
2	國家安全概述（高中職、專科用）	幼　獅	民國 86 年
3	國家安全概論（台灣大學專用書）	台　大	（臺大不送審）
4	軍事研究（大專院校用）	全　華	民國 95 年
5	國防通識（第一冊、高中學生用）	龍　騰	民國 94 年課程要綱
6	國防通識（第二冊、高中學生用）	龍　騰	同
7	國防通識（第三冊、高中學生用）	龍　騰	同
8	國防通識（第四冊、高中學生用）	龍　騰	同
9	國防通識（第一冊、教師專用）	龍　騰	同
10	國防通識（第二冊、教師專用）	龍　騰	同
11	國防通識（第三冊、教師專用）	龍　騰	同
12	國防通識（第四冊、教師專用）	龍　騰	同

註：上除編號 4，餘均非賣品，編號 4 至 12 均合著。